LINO GARCÍA MORALES

EL ARTE
DEL ARTE

DE LOS NUEVOS MEDIOS

BOOKS ON DEMAND

Impresión y editorial: BoD – Books on Demand
info@bod.com.es – www.bod.com.es
Impreso en Alemania

ISBN: 978-8-4112-3734-5

Para Hugo, Héctor y Viki.

Este libro tampoco tiene principio ni fin.

Es como una nueva entrega de la saga *El arte del arte*.

Puede empezar a leer por cualquier página y terminar, si le parece, en cualquier otra.

Ni siquiera tiene que leer todas las páginas si no lo desea.

Puede leerlas en vacaciones o en días de trabajo, cualquiera día es bueno.

Las páginas ni están numeradas.

Hay cosas que se repiten, como un tema con variaciones, pero solo en apariencia.

No hace falta que sea ingeniero, ni que sepa algo de programación.

Ni siquiera tiene que saber lo que es un lenguaje, más allá del que está leyendo.

Le deseo mucha suerte en el proceso.

Advierto que el arte de los nuevos medios cambia, que evoluciona; así lo que ahora es una cosa, mañana o pasado mañana puede ser otra.

Lo único que no cambia es esa etiqueta de 'nuevo'.

Los nuevos medios siempre serán nuevos.

Un nuevo medio es, antes que 'nuevo', un medio.
Un medio es una tecnología y un proceso.
La pintura es un medio.
La escultura es un medio.
El grabado es un medio.
Nadie le ha llamado o llama medio, pero son medios.
Entiéndase tecnología como un conjunto de técnicas y herramientas o instrumentos empleados en el proceso de producción de una obra de arte.

Nadie le llama 'medio' porque el término 'medio ' se usa en referencia a medio de comunicación y, aunque la obra de arte es un 'medio de comunicación' entre el artista [productor] y el observador [consumidor], se suele tratar como 'medio de expresión' del artista.

Según el diccionario de la Real Academia Española [RAE], 'expresar' es manifestar con palabras, miradas o gestos lo que se quiere dar a entender; mientras que 'comunicar' es en primera acepción hacer a una persona partícipe de lo que se tiene y en segunda descubrir, manifestar o hacer saber a alguien algo.

El medio es tan importante que Marshall McLuhan llegó a escribir: "el medio es el mensaje".
Herbert Marshall McLuhan fue filósofo, sociólogo de la comunicación y profesor de literatura; incluso hizo un cameo en la película de Woody Allen *Annie Hall*; también Truman Capote, aunque no en la misma escena.

El medio, también según McLuhan, es una extensión del hombre; McLuhan dedicó un libro entero, *Understanding Media*, para ordenar y exponer sus ideas al respecto.

Sin medio, no hay expresión, ni comunicación.

El pincel es una extensión del hombre.
El cincel es una extensión del hombre.
La prensa es una extensión del hombre.
Nadie les considera extensiones del hombre, sino instrumentos o herramientas; es decir, tecnologías con las que producir eso que llaman arte.

El medio eleva en determinada escala nuestro *yo* y las relaciones sociales con otros *yos*.
El medio moldea y controla la escala y la forma de asociación y de acción.
El medio de expresión y comunicación es también un medio de representación.
Lo que se representa en un medio es primero un objeto conceptual que puede, a su vez, tener referencia o no, en lo real; en primera instancia es virtual pero que, objeto conceptual al fin, puede no llegar a instanciarse, a convertirse en sustancia. Puede quedarse 'más allá' de la realidad después del proceso de producción.

El medio puede carecer de contenido.

El artista Salvatore Garau vendió una escultura inmaterial en una subasta por 15 000 euros.

Salvatore Garau. *Io sono*, 2020. Representación en papel.

Para la mayoría *Io sono* [Yo soy] no existe.

Para él, *Io sono* es un objeto conceptual, virtual, que existe más allá de la realidad.

Para los incrédulos, véase el certificado de autenticidad de la obra.

"Io sono"

Salvatore Garau
Scultura Immateriale, aprile 2020.
Da collocare in abitazione privata, entro uno spazio libero da qualsiasi ingombro di circa cm 150x150.

Per Autentica

N. archivio IM 3

Procuratore dell'archivio Salvatore Garau, Emilio Goj

Il presente Certificato non può essere esposto nello spazio riservato all'opera.

Io sono es una escultura inmaterial de dimensiones variables para colocar en una casa particular dentro de un espacio libre de cualquier estorbo de aproximadamente 150 × 150 cm. Garau, gracias a su fantasía, entrenada durante toda su vida para sentir diversamente lo que existe en torno a él, puede 'ver' lo que aparentemente no existe; puede sentir físicamente sus esculturas inmateriales.

Garau afirmó:

> En el vacío hay un contenedor de posibilidades positivas y negativas que son constantemente equivalentes; en definitiva, hay una densidad de eventos. Además, el vacío no es otra cosa que espacio lleno de energía, incluso si lo vaciamos de campos electromagnéticos, neutrinos, materia oscura, de todo… y solo queda la nada, según [en mecánica cuántica] el principio de indeterminación de Heisenberg ¡nada tiene peso! Por tanto, tiene energía que se condensa y se convierte en partículas, en fin, ¡en nosotros! La intuición que tuve como artista, en lo abstracto y lo espiritual, está respaldada por la ciencia.

Es posible que el propietario de la obra también goce de tales poderes y que tampoco sea científico.

El artista ha comentado que el éxito que ha tenido en la subasta su obra *Io sono* confirma como 'un hecho incontestable' el principio de indeterminación de Heisenberg.

> Cuando decido exponer una escultura inmaterial en un espacio determinado, ese espacio concentrará una cierta cantidad y densidad de pensamientos en un punto preciso, creando una escultura que desde mi título solo tomará las formas más variadas.

Con el apoyo del Instituto de Cultura italiano, Garau produjo el siguiente título: *Afrodita Piange* [Afrodita llora].
En el suelo puede verse el dibujo de un círculo en el que debe reposar la escultura inmaterial.
Los científicos coinciden unánimemente en que el impacto medioambiental de las obras intangibles de Garau es cero.

El contenido del medio no es, *per se*, el mensaje.
La ausencia de contenido es también un mensaje.
Algunos dicen que, en ausencia de contenido, el mensaje es el propio medio.
Esta afirmación supone ciertos inconvenientes para la conservación-restauración de los medios [en dependencia de qué se entienda por medio].

El periódico y la revista es un medio.
La radio es un medio.
La televisión es un medio.
Todos coinciden en que son medios de comunicación, aunque no medios de expresión.
Se podría decir que para esa masa, los medios de comunicación son profanos [les suelen llamar 'medios de comunicación de masas']; mientras que los medios de expresión son cultos [les suelen llamar obras de arte]. En general:
Los primeros habitan en los salones y cocinas de las casas.
Los segundos en museos, galerías, casas de subasta, ferias, etc.

Se podría decir que la pintura, la escultura y el grabado son medios 'tradicionales'; también que no parecen ser apropiados para ser mensajes en sí mismos.

Se podría decir que el periódico, la radio y la televisión son medios 'no tradicionales'; también que parecen ser apropiados para ser mensajes en sí mismos.

Según McLuhan ambos [tradicionales y no tradicionales] lo son; el medio es el mensaje; no existe contradicción alguna.

El certificado de autenticidad de *Io sono* funciona como una especie de partitura mediante la cual es posible producir, instanciar, convertir en sustancia [o no], el objeto conceptual; en este caso, la única instrucción es que debe ser colocada en una casa particular [no se permite en espacios públicos: museos, por ejemplo] dentro de un volumen libre de cualquier estorbo, de dimensiones variables, aproximadamente 150×150 cm [de base; no debe ocupar más espacio que el indicado].

El certificado de autenticidad no es una partitura.

Los sistemas de notación, para ser considerados como tal, deben satisfacer ciertas reglas de las cuales *Io sono* no cumple ninguna.

La partitura permite producir [reproducir], una y otra vez, diversas instancias del objeto conceptual que solo tienen una cosa en común: la identidad.

Una obra de arte es autógrafa cuando solo se produce [reproduce] en una sola instancia.

Una obra de arte es alógrafa cuando solo se produce [reproduce] en múltiples instancias [cuando es realizada por terceros].

La música, la danza, el teatro, son manifestaciones artísticas esencialmente alógrafas.

Existen sistemas de notación para música y danza.

La pintura, la escultura y el grabado son esencialmente autógrafas.

NOTA: El grabado es un caso especial; existen múltiples impresiones de un misma prensa, pero se trata de un número finito y numerado de impresiones cuyas cualidades se degradan según aumenta el orden en la serie.

En la cultura occidental las copias son consideradas falsificaciones [un estadio axiológico disminuido, degradado, incluso despreciado], salvo que sean autorizadas o realizadas por el mismo artista.

Para los orientales el *fuzhipin* [複製品] tiene el mismo valor que el original.

Identidad y novedad no son excluyentes.

Byung-Chul Han escribió en *Shanzhai. El arte de la falsificación y la deconstrucción en China*:

> [...] en lugar de una diferencia entre el original y la copia, se trata de una diferencia entre lo viejo y lo nuevo. En una cultura en la que la reproducción constante se presenta como una técnica de conservación y mantenimiento, las imitaciones nunca pueden considerarse meras copias.

La copia es el original.

La relación entre reproducción y conservación-restauración es tan íntima como compleja.

Conservar es mantener.

Restaurar es reparar.

¿Qué? La identidad.

El artista Li Xiaofeng ha producido esculturas a partir de fragmentos de porcelana rota rescatados de antiguas excavaciones arqueológicas [algunas de la dinastía Ming]. Xiaofeng pule y reforma los trozos de porcelana y luego los ensambla unos con otros con hilo de plata para formas nuevas formas relacionadas con la indumentaria; una especie de armadura moderna pesada, símbolo de la unión entre la china antigua y la nueva.

Ese fue el proceso que siguió Xiaofeng para convertir al polo Lacoste en obra de arte: Polo Porcelana.

Para ello fue necesario modificar ciertos procedimientos; la exportación de objetos antiguos en China está prohibida.

Los fragmentos de porcelana son nuevos, aunque fueron pintados bajo la influencia estética de la dinastía Ming, e incorporan el logotipo de Lacoste.

Este polo [de la colección SOLO], compuesto por 317 piezas de porcelana, es el más caro de Lacoste; su confección requirió 3 meses de trabajo.

Se vende como una auténtica edición limitada, piezas únicas, hechas a mano.

Los *Polo porcelana* de Xiaofeng son esculturas que no han sido esculpidas.

El medio aquí es la porcelana rota preparada y cosida [con hilos de plata] con sumo cuidado.

La relación entre lo autógrafo y lo alógrafo no supondría ningún problema sino fuera porque lo alógrafo beneficia la abundancia en detrimento de la escasez.

Lo abundante tiene menor valor [eso cree mucha gente].

Lo escaso tiene mayor valor.

Lo único tiene el máximo valor.

NOTA: En la cultura occidental.

Según la RAE: *fetichismo* es la veneración excesiva de algo o de alguien.

Para la filosofía: *fetichismo* es la divinización de diversas cosas y objetos [fetiches]; la atribución de fuerzas misteriosas, sobrenaturales, inasequibles para la comprensión humana.

Para la economía: *fetichismo* es la elección de recursos materiales disponibles en un ámbito de escasez.

Para el arte: *fetichismo* es la constitución de determinado valor artístico sin base material.

La cultura occidental es fetichista.

Lo autógrafo es valorado en exceso por encima de lo alógrafo [también de lo heterógrafo].

Al arte se le atribuyen fuerzas misteriosas, sobrenaturales, inasequibles para la comprensión humana [véase el principio de indeterminación de Heisenberg según Garau].

Lo escaso [único], vale más que lo abundante [múltiple].

NOTA: Lo heterógrafo procede intelectualmente, pero no procesualmente [se suele emplear 'materialmente'], del autor; se podría decir que no se trata de un tercero, sino de un segundo, de quien realiza la producción por encargo.

NOTA: El grabado 1/100 [primera impresión de una edición de 100 ejemplares] vale más que el 50/100.

Tal fetichismo está relacionado íntimamente con la sobrevaloración de la materialidad.

Para la cultura occidental tienen mayor valor una Polo Porcelana producida a partir de fragmentos de porcelana rota de la dinastía Ming, que una Polo Porcelana producida con fragmentos de porcelana rota nuevos pintados bajo la influencia estética de la dinastía Ming; aunque fueran indiscernibles.

La incorporación del logotipo de Lacoste aporta valor, aunque no suficiente para que sea considerada por igual.

Indiscernible significa que no puede ser discernido.

Danto dijo:

> En *La transfiguración* [*del lugar común*], imaginé una galería llena de cuadros rojos, pertenecientes a diferentes géneros y con sentidos diferentes, pero de apariencia totalmente semejante. Eso me llevó a proponer una rudimental definición de arte que me fue bastante útil cuando asumí la crítica de arte: algo es una obra de arte si incorpora sentido.

Según Danto, ¿es *Io sono* una obra de arte?
¿El sin sentido es también un sentido; tal y como la ausencia de mensaje es también un mensaje?

Arthur Coleman Danto fue crítico de arte, filósofo, pintor, profesor universitario, escritor, periodista e historiador de arte.

Danto imaginó una serie de cuadros rectangulares rojos idénticos materialmente: *El ánimo de Kierkegaard*, *La Plaza Roja*, *Cuadrado rojo*, *Nirvana*, *Mantel rojo*; también un fondo rojo sobre el que Giorgione iba a haber pintado *Conversazione sacra*. Todos son indiscernibles pese a pertenecer a géneros tan distintos como el retrato psicológico, la pintura histórica, el paisaje, la abstracción geométrica, el arte religioso y la naturaleza muerta.

¿Qué diferencia a un rectángulo rojo [arte] de otro [no arte], cuando son indiscernibles?
Las convenciones.

La diferencia entre arte y no arte depende solo de las convenciones.

Todo aquello que estas convenciones autoricen como obra de arte, es una obra de arte; ya sea *Io sono*, *Fontaine*, etc.

"Ser una obra de arte" dice Danto, es un predicado honorífico, y como tal, es una convención.

Sin embargo, aquellas cualidades que se hacen presente antes de que la relevancia del honor se imponga a la obra de arte, aunque existen [el 'aura'], pueden que no sean visibles.

Esa fue su conclusión.

Para Borges se trata del contexto, no del objeto.

Copiar palabra por palabra en contextos diferentes construye una narración nueva, dijo en su *Pierre Menard* en 1944.

Jorge Francisco Isidoro Luis Borges fue escritor de cuentos, poemas y ensayos.

Duchamp llamó *objet trouvé*, *objeto encontrado* o *ready-made*, a objetos del mundo profano que le parecieron interesantes por no tener nada de interesantes.

El más famoso *ready-made* de Duchamp es la *Fontaine*, objeto que un jurado se encontró en la muestra de la Sociedad de Artistas Independientes de Nueva York en 1917.

NOTA: Fortuny Agramunt dijo: "Duchamp renueva pero no innova, porque el urinario queda como fantasmagoría *make-ready*".

Jaume Fortuny Agramunt es profesor del Departamento de Arte y Conservación-Restauración de la Facultad de Bellas Artes de la Universidad de Barcelona.

El 11 de abril de 1917, Duchamp escribió a su hermana Suzanne :

> Una de mis amigas, bajo el seudónimo masculino R. Mutt, ha mandado a la exposición un urinario de porcelana como si fuera una escultura. No es para nada indecente. No había ninguna razón para rechazarlo. Pero el jurado ha decidido no exponer semejante cosa. He presentado mi dimisión y seguro que se hablará de ello en Nueva York. Me gustaría hacer una muestra con la gente que haya sido rechazada por la Sociedad de los Artistas Independientes, aunque sería un poco redundante. Además, el urinario estaría solo.

Es probable que 'su amiga' fuese Rrose Sélavy, pseudómino femenino de Duchamp.
Quizá se tratase de la Baronesa Elsa von Freytag-Loringhoven.
Fue en 1935, varios años después de que la Baronesa hubiese muerto, que el poeta Bretón atribuyó la *Fontaine* a Duchamp.

La *Fontaine* encontrada no existe.
Duchamp consintió la producción artesanal y venta de más de 15 réplicas.
Todas estas copias fingían el aspecto y la forma de aquel mingitorio modelo Berdfordshire del que ya sólo queda como testimonio una foto de Alfred Stieglitz.
Curiosamente, las copias que quedan puede que sean una reinterpretación conceptual del original; algo muy distinto del concepto de la original.

El urinario rompió, de manera radical, con la tradición del arte; con los medios tradicionales del arte.

La *Fontaine* no es pintura.
La *Fontaine* no es escultura.
La *Fontaine* no es grabado.
La *Fontaine* es arte.

La periodista Estrella de Diego escribió:

Con un objeto 'apropiado', una identidad 'apropiada', una función trastocada, el urinario de Duchamp desbordaba las reglas del juego más elementales y se convertía en el icono por antonomasia de las subversiones artísticas; en un malabarismo contra la originalidad y la autoría; en la obra originaria de la 'crítica institucional', al presentar Duchamp su apropiación con seudónimo a una muestra donde estaba de árbitro. Puro gesto. Pese a todo, habría que aclarar lo dudoso de su 'crítica institucional', como a menudo ocurre. Duchamp se podía permitir la transgresión con comodidad: era el niño mimado de la alta sociedad neoyorquina, más concretamente de la mecenas Katherine S. Dreier y de La Société Anonyme.

La *Fontaine* es arte por las convenciones.
Todo cambió, pero todo siguió igual gracias a las convenciones.
El anti-arte *Fontaine* se convirtió en arte a pesar del rechazo de la muestra de la Sociedad de Artistas Independientes de Nueva York;
a pesar de su antiretinianismo.
Un medio no tradicional entró [por obra y gracia de las convenciones] en la tradición.

NOTA: Marcel Duchamp despreciaba el arte retiniano; aquel tipo de arte que, según él, es interpretado por la retina y no por la mente.

El medio de la *Fontaine* es la fontanería.

El método es tomar prestado un objeto cualquiera producido en serie y dejarlo completamente inútil y descontextualizado; la deshumanización del arte.

Pablo Picasso dijo, tras enterarse de la muerte de Duchamp en 1968:

"Él estaba equivocado".

Pablo Picasso no necesita presentación.

Después de Duchamp y de las Vanguardias, en la primera mitad del siglo XX, los artistas se dedicaron a experimentar con otros medios ajenos al arte tradicional como la pintura, la escultura y el grabado [medios no tradicionales];

medios de expresión y comunicación para producir anti-arte; medios cuyas tecnologías y procesos no se aprendían, ni aprenden, en la academia.

Esta fue la gran disrupción del arte:

El uso de medios ajenos al arte [como los *mass media*] para producir lo que las convenciones decidieron seguir llamando arte [tal y como consta en la historia del arte].

En esencia se trataba de algo diferente, desde entonces:

El artista ya no necesita pintar, esculpir o grabar, ahora puede elegir objetos tomados del mundo profano, cotidiano, y elevarlos al mundo sagrado del arte.

El mensaje ya no necesita ser un mensaje [en apariencia].

Lo profano, lo que se percibe como falto de valor, pasa a ser considerado valioso, la tradición.

El filósofo Boris Groys llama a esta lógica: 'transmutación de valores'.

El periódico y la revista [también sus recortes] pasó a ser un medio del arte.

La radio pasó a ser un medio del arte.

La televisión pasó a ser un medio del arte.

El video pasó a ser un medio del arte.

Cualquier medio ajeno a la tradición [no tradicional] fue susceptible de pasar a ser un medio del arte.

Se crearon medios en la combinación e intersección de otros medios.

La impureza de los medios fue la tónica.

Todas las artes sirvieron de medio; se emborronaron las fronteras.

Todo valió.

Todos los límites se borraron.

El concepto de *Intermedia* de Higgins sustituyó los medios de la tradición por una franja ambigua e imprecisa en donde las artes se definen por la determinación de sus medios expresivos.

El deseo de reconciliar al arte y la vida en una sola entidad pareció posible.

John Cage en 1952 compuso *4′33″*, obra en la que los intérpretes debían permanecer sentados frente a sus instrumentos durante el tiempo indicado en el paratexto; el ruido ambiental el verdadero contenido de la obra.

El vacío espacial de *Io sono* recuerda el vacío temporal de *4′33″*.

Cage no relacionó su vacío con el principio de indeterminación de Heisenberg.

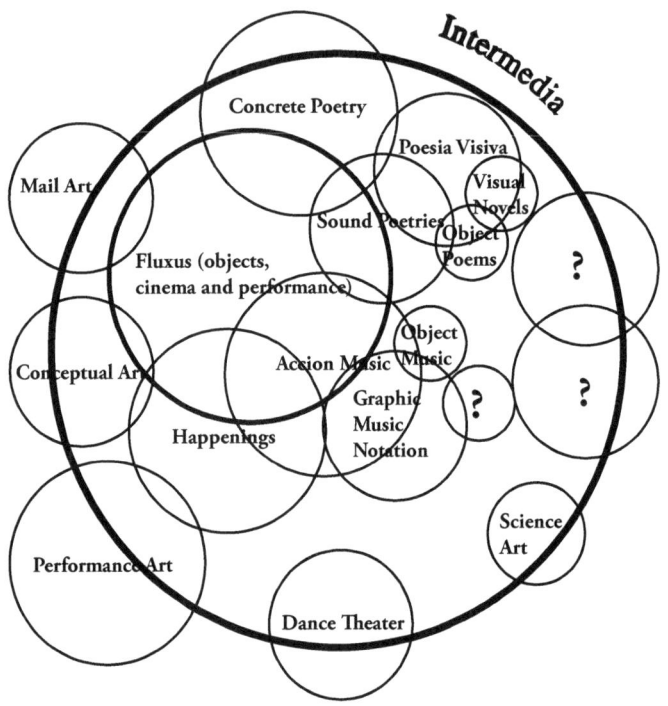

Higgins cartografió esta situación de los medios a la que llamó *Intermedia*.

Dick Higgins fue artista, compositor, teórico del arte, poeta, editor, grabador y cofundador del movimiento artístico internacional Fluxus, una corriente en contra del objeto artístico como mercancía, y que se proclamó a sí misma anti-arte.

Fluxus es acontecimiento, lo que ocurre, el flujo del tiempo; lo espontáneo y lo efímero.

La relación de indeterminación de Heisenberg o principio de incertidumbre establece la imposibilidad de que determinados pares de magnitudes físicas observables y complementarias sean conocidas con precisión arbitraria.

No se puede determinar, en términos de la física cuántica, simultáneamente y con precisión arbitraria, ciertos pares de variables físicas como son la posición y el momento lineal [cantidad de movimiento] de un objeto dado.

En otras palabras, cuanta mayor certeza se busca en determinar la posición de una partícula, menos se conoce su momento lineal y, por tanto, su masa y velocidad.

Werner Karl Heisenberg fue físico teórico [premio Nobel de física en 1932]; enunció este principio en 1927.

Se podría decir que el urinario de Duchamp marcó un antes y un después en la historia del arte.

Lo que en principio se concibió como anti-arte pasó a ser arte.

Pudo haberse llamado diferente, en esencia se trataba de medios ajenos a la tradición del arte, pero se siguió llamando igual.

Pudo haber sido considerado meta-arte, arte que discursa sobre el arte, pero no lo fue [se siguió llamando arte].

Surgieron museos para exponer este tipo de arte: museos de arte moderno y contemporáneo, pero no dejaron de ser museos de arte.

El restaurador e historiador del arte Heinz Althöfer dijo:

A medida que el concepto de arte se va desdibujando, se va haciendo necesario pensar si debemos conservar el arte y cómo debemos hacerlo. Originalidad y autenticidad aparecen bajo una nueva luz.

El arte antes y después de la *Fontaine* no es más de lo mismo.

En 1839, Louis Daguerre presentó en París el llamado daguerrotipo, el primer procedimiento que, a partir de la labor inicial de Joseph Niépce, permitía la obtención de fotografías sobre una superficie de plata pulida.
El sueño de crear una imagen que fuera un verdadero 'doble' del mundo se hizo [por fin] realidad.
El mundo no es bidimensional.
La fotografía es bidimensional; es una proyección en un plano de ese mundo multidimensional.
A pesar de todo, el sueño de la mímesis, de la reproducción 'perfecta' de la naturaleza pareció posible.

La fotografía consiguió presentar con 'fidelidad' una realidad a la que había suprimido el color.

He aquí una simplificación en unos pocos saltos de la transformación del arte; sin olvidar, por supuesto, de que se trata solo de un punto de vista:

a) El impresionismo cuestionó la doctrina realista. La invención de la cámara fotográfica volvió obsoleto el esfuerzo de imitar a la naturaleza en la pintura; en cuanto la cámara capta la realidad de manera mucho más fidedigna que el pincel de un pintor. Los impresionistas no pintan un objeto, sino la interacción entre el arte de ver y el objeto visto. No pintan la realidad, sino el efecto de percibirla, a través de la búsqueda de las formas básicas que componen la gran variabilidad de la percepción [sólidos geométricos como el cilindro, la esfera y el cono].

b) El impresionismo dio paso al cubismo, un cambio más pronunciado con respecto al realismo: simplificación a figuras y planos geométricos, múltiples y simultáneos puntos de vista, síntesis de espacio y figura, etc.

c) El cubismo, a su vez, dio paso a la abstracción. Cualquier pintura, de hecho, por realista que sea, es en alguna medida una 'abstracción' [es imposible incluir todos los detalles de una escena]. Los primeros latidos de la abstracción se encuentran en los impresionistas pero llega un momento en que toda referencia al objeto reconocible se desvanece. El imperativo de la originalidad, desde la aparición de la fotografía, acabó vaciando la representación de toda referencia a la realidad dejando el lienzo prácticamente en blanco. Piet Mondrian, por ejemplo, intentó purgar su arte de toda referencia representativa, eliminar toda ilustración de la realidad.

d) Siguiendo el camino de la abstracción, en la búsqueda de la pureza en sí misma, se llega al expresionismo abstracto y de ahí al minimalismo. Según la lógica del minimalismo el propio lienzo tendría que desaparecer; pero el lienzo no desapareció del todo hasta que Danto decretó 'oficialmente' el fin de arte con fecha finales de los 60.

NOTA: La pintura sigue sin desaparecer.
La escultura sigue sin desaparecer.
El grabado sigue sin desaparecer.
Danto llamó la atención de que aquello que se siguió llamando arte, no era más de lo mismo, sino otro cosa.

La historia del arte moderno, por supuesto, puede ser contada en mucho más que estos pocos hitos; pero este no es un libro de historia del arte y estos saltos son suficientes para explicar cierta continuidad en cuanto a innovación y deconstrucción y el impacto que provoca en la conservación-restauración del arte.

El arte abandonó el relato, abandonó el soporte, abandonó la intención, abandonó la autoría, sin declinar a su denominación de origen: el término 'arte'.

Incluso este brevísimo resumen está hilvanado por un único relato: el de la deconstrucción; pero ni siquiera es el más aceptado.

Para el historiador de arte Hans Sedlmayr tal deconstrucción empezó, no en el siglo XX, sino con el propio proceso de emancipación de lo estético: "La 'autonomía' del arte y de las artes es el preludio necesario de su disolución".

Liessmann dijo: "el arte se perdió en la medida en que se encontró";

en la medida en que se simplificó; en la medida en que se miró a sí mismo.

La autoreferencialidad del arte contemporáneo se puede ver como un desplazamiento poético del significado al signo; pese a su carácter eminentemente representacional.

Realismo, impresionismo, cubismo, abstraccionismo, minimalismo, [otros 'ismos'], etc.; son todos considerados movimientos mas o menos articulados coherentemente [totalidades distributivas].

El relato desde los 'ismos', que es como se ha dado en llamar a las configuraciones de las múltiples corrientes del arte del siglo XX, tiene la virtud de aglutinar ordenadamente todo aquello que responde a determinadas propiedades, intenciones, épocas, manifiestos y características; a la vez que deja fuera a todo aquello que no corresponde con tales patrones; entiéndase por ejemplo: todo el arte latinoamericano, africano, etc. [todo el arte que no encajó bien en ninguna de estos 'ismos']; etcétera.

Konrad Paul Liessmann es filósofo.

Alfred H. Barr, Jr., historiador de arte y primer director del Museo de Arte Moderno (MoMA, Museum of Modern Art) de New York, realizó un magnífico cartel que muestra, no ya a la mayoría de los 'ismos' que llevaron al denominado arte contemporáneo sino, la relaciones e influencias entre ellos; lo que permite 'contextualizar'este relato.
Los 'ismos', en definitiva, son metarrelatos, narraciones generalizadoras y simplificadas reducidas a un determinado marco conceptual.
El posmodernismo prometió ser el último 'ismos'; un movimiento ecléctico que trata, en palabras de Jean-François Lyotard, de la 'incredulidad frente a los metarrelatos'.
Jean-François Lyotard fue filósofo.

El 24 de septiembre de 2011 se decretó el fin del Posmodernismo.

"El posmodernismo ha muerto", anunció el influyente mensual británico Prospect como si fuera ajeno al arte del arte de Danto.

La exposición *Posmodernismo. Estilo y subversión*, dio por acabada la época menos fecunda, más acomodada y solipsista del arte.

Un arte que sustituyó la obra por el concepto.

Un arte alejado del mundo que lo rodea.

Un arte que, como todos los revolucionarios con despacho, terminó convertido en aquello que odiaba: una categoría apoltronada.

En 2009 la Tate Britain de Londres dio con otro 'ismo': el 'altermodernismo'.

Altermoderno, para Nicolas Bourriaud, sugiere una multitud de posibilidades, de alternativas.

Nicolas Bourriaud es comisario de exposiciones, historiador del arte y crítico de arte, especializado en arte contemporáneo.

Gombrich dijo, en su libro *La historia del arte*:

> El arte moderno no habría llegado a ser lo que es sin el choque de la pintura con la fotografía

Desde que surgió la fotografía y el movimiento Dadá, los artistas empezaron a introducir la realidad como medio en el arte, lo que precipitó una auténtica revolución.

Con la fotografía se alcanza el más alto nivel de iconicidad: la representación de la realidad [la imagen se parece mucho a la realidad, el original al que representa].

La figuración es total.

A partir de entonces el arte solo puede alejarse de la figuración o superarla.

Para Wittgenstein la imagen es un modelo de la realidad.

El puente entre ambos, lo que hace posible que la imagen puede reproducir la realidad es, para Wittgenstein, la forma de reproducción de la imagen. La image representa su objeto y, para Jiménez, es indisociable del medio expresivo en que se materializa: "no serían de este mundo si no poseyeran el cuerpo material que les proporcionan los signos".

Ernst Hans Josef Gombrich fue filósofo e historiador de arte.

Ludwig Josef Wittgenstein fue filósofo, matemático, lingüista y lógico.

José Jiménez Jiménez es profesor de estética y ensayista en los ámbitos de la filosofía y la teoría del arte.

La fotografía no siempre fue arte.

En principio fue un medio mecánico, una extensión del hombre.

La fotografía sirvió para liberar a la pintura [de una vez por todas] de la función mimética.

La visión objetiva de la cámara hizo posible la visión subjetiva del artista.

Pero ni la imagen fotográfica [foto] se limitaba a reproducir 'la realidad tal como es', ni la pintura la mostraba 'tal como se ve'; esta distinción es más bien falsa.

El 28 de diciembre de 1895, se proyectaron al público las primeras películas realizadas por los hermanos Auguste y Louis Lumière, en la memorable sesión realizada en el Salón Indio del Gran Café de París.

Sin embargo, el cine, pese a ser una invención posterior, obtuvo antes que la fotografía el estatus artístico, cuando, en 1911, el periodista italiano Ricciotto Canudo publicó el célebre *Manifiesto de las siete artes*.

La fotografía fue el octavo arte.

El cómic, el noveno.

La cronofotografía de Eadweard Muybridge fue un estadio intermedio.

Edward James Muggeridge, conocido con el seudónimo de Eadweard Muybridge, fue fotógrafo e investigador.
Sus experimentos sobre la cronofotografía sirvieron de base para el posterior invento del cinematógrafo.

Los artistas de las vanguardias de las artes plásticas también se interesaron [como no podía ser de otra manera] por explorar las posibilidades expresivas de ambos medios: la fotografía y el cine.

Man Ray se llamó Emmanuel Radnitzky.
Su epitafio en el cementerio de Montparnasse reza: "Despreocupado pero no indiferente".

Picasso dijo:

La fotografía vino a tiempo para liberar la pintura de toda literatura, de la anécdota, e incluso del tema.

Todas las copias, producidas mecánicamente, son originales; pero pueden no ser únicas, no requieren la exigencia del autor, lo que produce una aparente disminución axiológica, una 'pérdida del aura'.

'Aura'es un concepto que tomó Walter Benjamin del contexto religioso para referirse a la singularidad de la obra de arte; lo que funciona como presupuesto [convención] para que una obra sea emplazada en una tradición cultural.
Walter Bendix Schönflies Benjamin fue filósofo, crítico literario, traductor y ensayista.

El cine se compone de imágenes, las mismas imágenes fotográficas [fotogramas], pero supone un salto cualitativo: se trata de 'imágenes en movimiento'; imágenes que, proyectadas a determinada velocidad, producen sensación de movimiento debido a la 'persistencia retiniana': condición del sistema visual humano de retener por una fracción de segundo la visión de una imagen.
El cine introduce el tiempo.
El cine cambia la percepción del tiempo.
No es un conjunto de fotografías, es otra cosa cualitativamente diferente.
El todo es más que la suma de las partes.
Hay innovación.
Y no solo esto.

La imagen cinematográfica es efímera, exige un gasto energético continuo.

Sin él [el gasto energético continuo], la máquina de proyección no puede generar la ilusión; no hay obra.

El cine es el primer medio que depende de la energía [en principio mecánica, después eléctrica].

La *performance*, arte en directo [en vivo], se opone a la pintura o la escultura, en cuanto no es el objeto, sino el sujeto, el elemento constitutivo de la obra artística.

Pero no solo se opone a determinadas prácticas de la tradición, sino que aboga por la mezcla, por la confluencia y es aquí, precisamente donde se da un terreno fértil para la innovación.

La *performance* borra la distinción entre obra y observador en cuanto la obra incluye, necesariamente, la participación del público.

Simplemente no existe sin público.

La performance solo es *aquí-ahora*. Ives Michaud dijo:

> Ahí donde había obras solo quedan experiencias. Las obras han sido reemplazadas en la producción artística por dispositivos y procedimientos que funcionan como obras

Yves Michaud es filósofo.

Dadá no significa nada.

La interpretación de David Tudor el 29 de agosto de 1952 de la obra *4'33"*, de John Cage en 1942, es una *performance*.

'Tacet', indica al intérprete que ha de guardar silencio y no tocar su instrumento durante cuatro minutos y treinta y tres segundos.

4' 33"

FOR ANY INSTRUMENT OR COMBINATION OF INSTRUMENTS

John Cage

I

TACET

II

TACET

III

TACET

David Eugene Tudor fue pianista y compositor.

La 'partitura' de John Cage de *4'33"* no es una partitura.

Joseph Kosuth dijo:

> Todo el arte [después de Duchamp] es conceptual [por natura-leza] porque el arte solo existe conceptualmente.

Joseph Kosuth es filósofo, antropólogo y artista conceptual.

Boris Groys dijo:

> El arte contemporáneo es básicamente una producción sin pro-ducto. Es una actividad en la que todos pueden participar, inclusiva y verdaderamente igualitaria.

También dijo:

> El arte moderno y contemporáneo no quiere hacer cosas mejo-res sino peores. Y no relativamente peores sino radicalmente peores: hacer cosas disfuncionales a partir de objetos funciona-les, traicionar las expectativas, demostrar la presencia invisible de la muerte donde solo quisiéramos ver que hay vida. Es por eso que el arte moderno y contemporáneo es impopular. Lo es justamente porque va en contra del modo en que se supone que van las cosas.

El compositor Karl Heinz Stockhausen, aún humeantes los restos de las Torres Gemelas, dijo:

> Esa era la obra de arte total, lo más grande que se haya visto jamás.

Richard Wagner llamó 'obra de arte total' a un tipo de obra de arte que integraba las seis artes: música, danza, poesía, pintura, escultura y arquitectura.
Wilhelm Richard Wagner no necesita presentación.

El filósofo Jean Baudrillard, en *Réquiem por las Twin Towers*, escribió:

> Se piense lo que se piense de su cualidad estética, las Twin Towers eran una performance absoluta, y su destrucción es también una performance absoluta.

El filósofo Slavoj Žižek dijo:

> Podemos concebir el hundimiento de las torres del World Trade Center como la conclusión culminante de la 'pasión por lo Real' del arte del siglo XX; de acuerdo con esta idea, los mismos 'terroristas' no actuaron por encima de todo para provocar un daño material, sino por el efecto espectacular de su acción.

El filósofo Sigmund Bauman dijo:

> La modernidad líquida es un estado que anula las importantes dualidades que definieran el marco de la antigua y sólida modernidad: la oposición entre artes creativas y destructivas, entre aprender y olvidar, entre ir hacia adelante y retroceder. La flecha del tiempo ya no tiene punta: tenemos flecha pero sin punta.

Maurizio Cattelan es otro maestro del vacío.

La falta de inspiración para su primera exposición personal, en 1989, le llevó a cerrar la galería y colgar un artel que decía: *Torno subito* [Vuelvo en seguida].

El cartel era el título de la exposición y del arte que se exponía.

En 1992, a petición de una exposición colectiva en Milán, Cattelan rellenó un impreso denunciando a la policía italiana el robo de una 'exposición invisible'; esa fue su aportación.

Io sono ni siquiera es algo nuevo, sino algo más en otro contexto [quizá Borges no estaría de acuerdo].

En 1923, Picasso dijo:

El espíritu de investigación ha envenenado a aquellos que no han entendido todos los elementos positivos del arte moderno, y ha hecho que pintaran lo invisible, y por lo tanto, lo impintable.

En 1955, Salvador Dalí dijo:

Es normal que cuando no se cree en nada se acabe por pintar CASI NADA.

Sam Philips dijo en su libro *... Ismos. Para entender el arte moderno*:

El dadaísmo no fue tanto un estilo pictórico como una manera de pensar.

Los dadaístas, con su espíritu transgresor, deliberadamente absurdo, anárquico, irónico, iconoclasta e irracional, fueron los primeros en romper cualitativamente con la tradición pictórica.

Utilizaron objetos efímeros como papel en collages y construcciones, introdujeron el fotomontaje y dotaron al objeto cotidiano [profano] de un protagonismo sin precedentes.

El Dadaísmo fue un movimiento artístico que se negó a sí mismo de ser una tendencia artística como otra cualquiera; se consideró anti-arte.

La única regla del Dadaísmo fue no tener reglas.

TABLEAU DADA PAR MARCEL DUCHAMP

El mayor aporte del Dadaísmo fue el cuestionamiento continuo de qué es el arte poniendo al límite los límites del arte.

Resultado:

El anti-arte [o lo que sea que ocurriera después del arte] siguió siendo arte.

El arte tuvo cada vez más difícil determinar qué era arte y qué no.

Los medios [no tradicionales] no supusieron un problema; fueron adoptados y adaptados con facilidad.

La academia siguió enseñando pintura, escultura y grabado [también el dibujo].

La estética del arte fue sustituida por la filosofía del arte; distinguir la belleza de la fealdad perdió todo sentido.

Fue posible hacer arte activo; que funcionase [algo relacionado con la epifanía de la imagen] con algún energía: eléctrica, eólica, hidráulica, neumática, etcétera, etcétera, etcétera; al estilo de José Luis Brea de: "chismes que funcionan cuando se enchufan".

José Luis Brea fue filósofo y crítico de arte independiente; autor entre otros, de los libros *La era postmedia. Acción comunicativa, prácticas (post)artísticas y dispositivos neomediales* y *Las tres eras de la imagen. Imagen-materia, film y e-image.*

Se podría entender que la era postarte corresponde al arte producido después del fin del arte decretado por Danto.

En realidad el postarte empezó después del fin del arte decretado por el movimiento Dadá; aproximadamente con medio siglo de diferencia.

Se podría decir que los productores de postarte son postartistas y las prácticas, después del fin del arte, postartísticas.

Las *Cajas de Brillo* de Andy Warhol no fueron 'encontradas'.
No las firmó, ni siquiera con un pseudónimo.
Mandó a construir y serigrafiar los cubos de madera.
La caja 'original' [de cartón] fue diseñada por James Harvey;
sin embargo, esto no pareció relevante cuando Warhol se la
apropió para elevarlo de lo profano a lo cultural.
Los conceptos de autoría y artista se difuminan hasta embo-
rronarse.

Duchamp presentó un objeto [encontrado], la *Fontaine*; Warhol no presentó un objeto, sino la imagen de un objeto.

Si las *Cajas de Brillo* fueran las mismas cajas reales [del supermercado] expuestas como obras de arte se trataría de un *ready-made*.

Fueron las *Cajas de Brillo* de Warhol, no las *Fuentes* de Duchamp, las que llamaron la atención de Arthur Danto para decretar el fin del arte.

Las *Cajas de Brillo* son tan indiscernibles como los cuadros rojos [y como los urinarios].

Se podría pensar que una caja está vacía, que otra contiene estropajos, otra polvo para limpiar, otra reliquias familiares, otra tornillos y clavos, etc.

¿Qué distingue unas cajas de otras?

Las convenciones.

En el postarte la diferencia entre arte y no arte depende solo [en exclusivo] de las convenciones.

Algunos dicen que esta obra, la *Caja de Brillo,* sentó las bases de lo que sería el elemento principal de la cultura posmoderna: la ficción; algo que parece ser, pero que realmente no es.

Según Danto, el relato del arte llega hasta que los objetos de arte no se distinguen de los objetos reales [recuerde que el aura, para la mayoría de los mortales, es invisible].

La introducción de cosas reales como cosas imaginarias, ficticias, fue posible por la adopción de medios ajenos al arte como medios del arte, lo que antes he llamado postmedia.

La fotografía es postmedia.
La performance es postmedia.
El cine es postmedia.
El periódico y la revista es postmedia.
La radio es postmedia.
La televisión es postmedia.
Cualquier objeto encontrado es postmedia.
Cualquier objeto apropiado es postmedia.
Intermedia es postmedia.
Mixmedia es postmedia.
Transmedia es postmedia.
Todos los medios que no sean pintura, escultura y grabado [también dibujo] son postmedia.

Todo lo que necesita es digitalizar [*All you need is digitize*].

La era postmedia, según este texto, es analógica.
El siguiente cambio [post-post] corresponde a los medios digitales.
Todos los medios [o casi todos], gracias a la Tercera Revolución Industrial, también llamada Revolución científico-tecnológica [RCT], Revolución de la inteligencia [RI] o Tercera revolución tecnológica, primero, y a la Cuarta Revolución Industrial, también conocida como Industria 4.0 o Revolución industrial etapa cuatro, después, son digitales.
Esta cuarta etapa de las revoluciones industriales, según la Wiki:

se caracteriza por una fusión de tecnologías actualmente en prueba o en desarrollo, lo que está desintegrando las fronteras entre las esferas física, digital, y biológica.

Dado que nadie llama medios [tradicionales] al pincel, al cincel y a la prensa, a partir de ahora llamaré 'viejos medios' a lo que hasta entonces había llamado postmedio y 'nuevos medios' a los medios digitales.

Algunos nuevos medios son versiones digitales de viejos medios; otros no, solo existen en su versión digital.

Esta nueva acepción será mejor aceptada por todos aquellos para los que el pincel, el cincel y la prensa, no fueron considerados, precisamente, medios.

Antes de empezar con los nuevos medios, es conveniente preguntarse cuál es la diferencia entre lo analógico y lo digital.

El artista Félix González-Torres creó la *Untitled (Perfect Lovers)* en 1991, una metáfora de los corazones de dos amantes latiendo con el mismo tictac que solo puede terminar con la muerte de uno de ellos.

Se trata de dos relojes digitales de cocina que, aunque marcan la misma hora, con el tiempo los segunderos se alejarán, imperceptiblemente irán perdiendo el ritmo simétrico debido a la pérdida de energía, el desajuste de las máquinas y otros factores que son, en definitiva, la vida y la muerte.

Ambos relojes son digitales no solo por su electrónica, sino también por la forma de medir el tiempo.

Los segunderos no recorren todo el espacio de 360 grados una y otra vez, sino que saltan 60 veces a determinadas posiciones discretas e igualmente espaciadas que conforman los 60 segundos de un minuto.

Después de completar un ciclo completo le tocará saltar al minutero a la siguiente posición y así sucesivamente.

NOTA: Estos saltos requieren de cierto nivel de abstracción porque, en realidad, ningún indicador puede ir de una posición a la siguiente sin barrer la zona intermedia; aún así lo hace de manera discontinua, por saltos; este efecto sería ideal si en lugar de las agujas el reloj marcara el tiempo con dígitos.

En este caso no habría nada intermedio.

Entre una posición y la siguiente solo hay vacío.

En un reloj analógico las agujas se mueven de manera continua; es decir, entre una posición y la siguiente, recorren las infinitas posiciones que le separan, por muy pequeñas que sean.

Esa es la diferencia entre lo analógico y lo discreto, lo continuo y lo discontinuo.

Lo digital viene dado por la forma de cuantificar lo discreto. Lo digital suministra los datos mediante dígitos o elementos finitos o discretos.

Si los relojes fueran analógicos *Untitled (Perfect Lovers)* sería un viejo medio.
Si los relojes fueran digitales [nadie llama discreto a un reloj] *Untitled (Perfect Lovers)* sería un nuevo medio.

Digital es un término relativo a los dedos [las extremidades de las manos y los pies]; quizá adoptado por la manera discreta de contar con los dedos.

He dicho que lo que diferencia un viejo medio de uno nuevo es su naturaleza tecnológica, continua versus discreta, analógica versus digital.
Esto no es así para todo el mundo.
En el arte casi nada es lo mismo para todo el mundo.
Por lo que existe [en dependencia del texto y autor] mayor o menor correspondencia entre ambos medios: viejos y nuevos.
Algunos autores, por ejemplo, consideran el video como un medio digital; lo cierto es que existe el vídeo analógico y el vídeo digital; que no se trata de lo mismo.
media art, arte electrónico, arte multimedia o arte interactivo son prácticas artísticas que usan tecnologías; ninguna de ellas en sí misma garantiza de alguna manera que se trate de tecnología digital.

Estas diferencias-semejanzas se pueden representar en una cartografía similar a la *Intermedia* de Higgins.

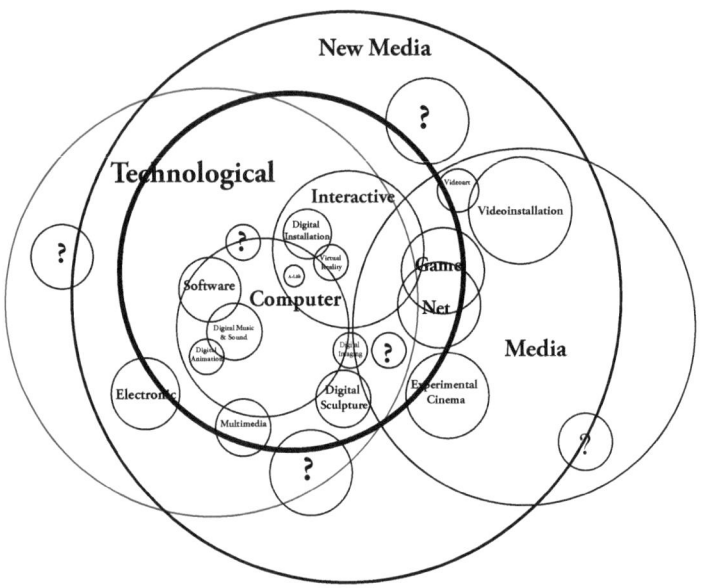

Esta carta de nuevos medios ilustra [además] que se trata de un eterno *work in progress*, un proceso en continua evolución y cambio.

Que existe una convergencia al *computer*; actúa como una especie de atractor o sumidero dispuesto a devorarlo todo.

No es una cartografía perfecta, pero es real; así es como se trata en la literatura especializada [ni más, ni menos].

Al llegar aquí necesitamos de otro término imprescindible: información.

Lo digital es una revolución en sí misma: la revolución de la información [que dio paso a la revolución del conocimiento].

Pero, la revolución aquí no es de la información, sino de la transcodificación de la información: la posibilidad de mover la información del dominio analógico al digital y viceversa sin pérdida de información.
La verdadera revolución es la digitalización.

El libro de Stephen Wilson *Information Arts: Intersections of Art, Science, and Technology*, por ejemplo:

> ofrece el primer estudio exhaustivo de artistas internacionales que incorporan conceptos e investigaciones de las matemáticas, las ciencias físicas, la biología, la cinética, las telecomunicaciones y los sistemas digitales experimentales como la inteligencia artificial y la informática ubicua.

NOTA: La cita ha sido tomada de la sinopsis en Amazon.

La información no está únicamente relacionada con la ciencia y la tecnología.
Según la RAE: información es averiguación, indagación, comunicación, puesta en conocimiento.
Información es aquello que porta un mensaje.
Información es contenido.

Sin embargo, la información, gracias a la 'teoría de la información' de Shannon se puede medir y cuantificar en bits.
Quizá por ello se use con naturalidad, casi con exclusividad, en el ámbito de lo digital.

Shannon se planteó el siguiente problema: si necesito codificar la información en bits, cuántos bits necesito para codificar un mensaje.

Su respuesta fue la entropía:

$$H = -\sum_i p_i \log_2 p_i,$$

donde p_i es la probabilidad de cada estado i.

H es la entropía cuya unidad de información es el bit.

La información, según Shannon, está determinada por esta relación no lineal de las probablidades p_i de los símbolos i.

Claude Elwood Shannon fue matemático, ingeniero eléctrico y criptógrafo.

Su publicación *Una teoría matemática de la comunicación*, en 1948, fundó el campo de la teoría de la información e hizo posible 'lo digital'.

Shannon determinó, con esta bella fórmula, las bases de la transcodificación.

Si no le interesa demasiado este tema puede saltárselo.

Intentaré, con ejemplos simples, explicar este concepto tan importante para los nuevos medios.

Veamos un ejemplo, la entropía de la lengua castellana escrita.

Si todas las letras de la lengua castellana se presentaran con la misma frecuencia, le entropía correspondería a:

$$H_0 = \log_2 28 = 4{,}80735.$$

5 bits serían suficientes para codificar cualquier mensaje; pero, como puede intuir, esta condición es tan restrictiva que no la satisface ninguna lengua.

NOTA: El espacio entre palabras es considerado una letra; en realidad un signo o estado. $-28 \left[\frac{1}{28} \log_2 \frac{1}{28} \right] = \log_2 28$.

Para calcular con mayor exactitud la cantidad de información contenida en una letra del alfabeto castellano es necesario conocer las frecuencias relativas de las diferentes letras.

¿Cómo se puede calcular la frecuencia relativa de cada letra? Tome, por ejemplo, *El Ingenioso Hidalgo Don Quijote de la Mancha* [o el de Pierre Menard], cuente la frecuencia de aparición de cada letra y divídala por el número total de letras.

NOTA: La probabilidad p_i de un signo i es una estimación teórica.

La frecuencia es una estimación práctica.

Sabemos que la probabilidad de que salga cara o cruz en una moneda es 0,5; la frecuencia de que salga cara o cruz debería tender a 0,5 mientras mayor sea el número de experimentos; esta es la diferencia entre probabilidad y estadística.

La entropía de una letra determinada del alfabeto castellano estaría dada por:

$$H_1 = H(\alpha_1) = -\sum_{i=1}^{28} f_i \log_2 f_i = 3,99309,$$

donde α_1 es el experimento que permite determinar la frecuencia de una letra y f_i la frecuencia relativa de la i-ésima letra.

Observe que se produce una disminución de la información contenida en una letra: $H_0 - H_1 = 0,81426$ bits.

Observe también que al calcular $H_1 = H(\alpha_1)$ se considera que las letras aparecen de forma independiente; es decir, la aparición de una letra no depende de cuál ha sido la letra anterior; una restricción evidentemente muy fuerte.

La entropía de un mensaje vacío [sin contenido] es 0.

NOTA: Basta una análisis superficial para observar, por ejemplo, que después de una consonante [en el idioma español], aumenta considerablemente la probabilidad de la siguiente letra sea una vocal, o que después de la q, en textos literarios, solo puede escribirse u.

NOTA: Las letras no aparecen de forma independiente.

Se debe calcular la entropía de una letra bajo la condición de conocer la letra que le antecede, es decir:

$$H_2 = H(\alpha_2|\alpha_1) = H(\alpha_1 \cap \alpha_2) - H(\alpha_1),$$

donde $\alpha_1 \cap \alpha_2$ es el experimento que consiste en determinar dos letras con la frecuencia que aparecen simultáneamente en el castellano escrito; para lo cual es necesario conocer las frecuencias de todas las posibles parejas de letras [bigramas] que pueden aparecen en un texto escrito; lo que arroja:

$$H(\alpha_1 \cap \alpha_2) = 7{,}16038,$$
$$H_2 = 3{,}16729.$$

Observe que se produce una disminución de la información contenida en una letra: $H_1 - H_2 = 0{,}82580$ bits.

Sin embargo, la dependencia de ocurrencia de una letra no es solo respecto a la inmediata anterior, sino a varias de las anteriores; por ejemplo, después de la 'qu' es muy frecuente que ocurra 'e', pero poco frecuente que aparezca una consonante, etc.

Se debe estimar:

$$H_3 = H(\alpha_3|\alpha_1 \cap \alpha_2) = H(\alpha_1 \cap \alpha_2 \cap \alpha_3) - H(\alpha_1 \cap \alpha2).$$

Si conocemos las frecuencias de todas las posibles combinaciones de tres letras del castellano escrito [tri-gramas], se obtiene que:

$$H_3 = 2{,}66265;$$

Observe que se produce una disminución de la información contenida en una letra: $H_2 - H_3 = 0{,}50464$ bits.

Generalizando, tanto en el castellano, como en cualquier otra lengua, la aparición de una letra no depende de cuáles fueron las una o dos o tres anteriores, sino de muchas más, tal que las entropías:

$$
\begin{aligned}
H_N &= H(\alpha_N | \alpha_1 \cap \alpha_2 \cap \ldots \cap \alpha_{N-1}) \\
&= H(\alpha_1 \cap \alpha_2 \cap \ldots \cap \alpha_N) - H(\alpha_1 \cap \alpha_2 \cap \ldots \cap \alpha_{N-1})
\end{aligned}
$$

para $N = 0, 1, 2, 3, \ldots$, H_N no es sino una aproximación a la entropía del lenguaje.

Es evidente que, cuanto mayor sea N, mejor será la aproximación.

NOTA: Esta es solo una tímida introducción práctica de la entropía y la teoría de la información; como es posible medir el grado de incertidumbre o indeterminación de la información en bits, a menudo se confunde información con medida de la información. No son lo mismo.

NOTA: Según el ejemplo ilustrado del castellano escrito, habrá podido comprobar que se trata de información discreta, existen 28 letras y ninguna entre medias.

NOTA: Solo es posible calcular la cantidad de información a información discreta, que no es sinónimo de digital, pero fácilmente cuantificable por un sistema binario de numeración.

Si lo desea puede continuar la lectura aquí. ⬇

La imagen de la mona lisa en caracteres ASCII ha sido creada en: `https://asciiart.club`.

Esta es una imagen discretizada; los caracteres ASCII, con los que escribo este texto, son discretos y finitos; los colores asignados a los caracteres también son discretos y finitos.

Si le divierte pruebe a reducir cualquier imagen a caracteres ASCII.

Vuk Ćosić produjo imágenes [e imágenes en movimiento] en la red [con caracteres ASCII] a partir de fotogramas y fragmentos de películas como *Psycho* de Alfred Hitchcock y *Deep Throat*.

A él se le atribuye el término de esta práctica artística, *net.art*, encontrado como un *ready-made* de un texto de correo electrónico mal decodificado como:

`[...] J8~g#|\;Net.Art{´^s1 [...]`

Una de las propiedades más importante del arte de los nuevos medios es que el código digital que procesan las máquinas no es igual a la información que representan: 'lo que se ve'.

Se podría decir [con rotundidad] que un mismo código puede producir múltiples representaciones o imágenes.

El código puede ser indiscernible.

La representación puede ser discernible.

NOTA: Para ver mejor la imagen ASCII de la *Mona Lisa*, junte los párpados todo lo que pueda sin llegar a cerrar los ojos.

Esta acción provoca una especie de filtrado paso-bajo que emborrona los bordes y permite ver lo esencial de la imagen.

¿Qué es *imagen*? [buena pregunta].

Imagen es representación, lo que está *en lugar de…*

El rostro que vemos con los ojos cerrados [mientras soñamos, por ejemplo] porque solo es una representación mental, neuronal;

incluso el unicornio que no existe.

Imagen es lo que surge al contemplar un cuadro, una escultura, un grabado, un urinario en un museo, etc.

No es la cosa real que no podemos tocar [porque está protegido por un cristal grueso], pero sí podemos ver e imaginar.

Imagen es lo que está en su superficie y en nuestra mente;

lo que está debajo de la superficie no es posible ver [excepto con aparatos de rayos X, etc.; literalmente extensiones del hombre para ver].

Imagen es también una foto o un fotograma o una película; en este caso la representación que surge en la mente es una imagen de una imagen;

que puede sucederse hasta el infinito [véase el álbum *Ummagumma*, de Pink Floyd].

La imagen está en la superficie de las cosas [como si fuese su piel], con copia en alguna zona del cerebro [como una idea].

Por naturaleza, cualquier imagen es intangible.

La imagen es retiniana; aunque en un sentido más metafórico que literal.

La imagen es lo que dotaba de todo el sentido a la pintura, la escultura, el grabado.

La información puede adoptar diversas formas.
La información está compuesta de signos.
La información es un signo en sí misma.

Una señal es un signo; es información análoga a un evento del mundo real.
El nivel de mercurio de un termómetro es análogo a la temperatura del contexto; por ejemplo.
La señal es analógica; es información en estado de energía o materia.
Max Bense dijo:
Las señales son substratos físicos del mundo de los objetos.

Las señales son indicios.
Max Bense fue filósofo, matemático, físico y escritor.

Bense también dijo:
Los datos son substratos lógicos del mundo de las ideas.

Un dato es información sobre algo concreto que permite su conocimiento exacto o sirve para deducir las consecuencias derivadas de un hecho.
El dato es discreto; es información en estado puro.
Las señales son físicas; los datos son lógicos. La *digitalización* es el proceso de transcodificación de señal a dato.
La *señalización* es el proceso de transcodificación de dato a señal.

Un convertidor analógico-digital transcodifica señales a datos. Un convertidor digital-analógico transcodifica datos a señales.
Esta fue una de las grandes aportaciones de Shannon.

La teoría de la información determina cuántos bits son necesarios para representar, en el dominio digital [lógico], una señal del dominio analógico [física] sin pérdida de información.

A partir de entonces es posible una representación lógica del mundo físico; la transcodificación es el proceso mediante el cual es posible 'cambiar' de un mundo a otro.

Leó Szilárd fue el primero en definir el bit de información.

Bit es acrónimo de dígito binario [*binary digit*].

Un bit solo puede tomar solo uno de dos valores o estados posibles: cero ['0'] o uno ['1'];

la cantidad de información necesaria para responder a la pregunta 'rápido/lento', 'encendido/apagado' o a cualquier pregunta cuya respuesta sea 'si/no'.

'0' corresponde a no.

'1' corresponde a si.

El bit es la unidad mínima de información de los sistemas digitales [información indivisible].

No hay nada más pequeño que un bit.

Leó Szilárd fue físico e inventor.

El ruido es un tipo de señal o dato; es decir, puede ser analógico o digital.

Es señal o dato indeseado [no deseado, excepto cuando es deseado].

En el mundo físico, el ruido está en todas partes.

Gran parte de la teoría de la información trata de 'recuperar' la señal del ruido [a pesar del ruido].

La relación en una mezcla entre la cantidad de señal y ruido se denomina relación señal-ruido [SNR, Signal-Noise Rate]. Existen datos no deseados, pero no existe una relación dato-ruido porque en el mundo lógico el ruido no existe; salvo que se genere artificialmente y añada a propósito.

En lugar de ruido, se habla de error.

Un *glitch* es un error; en general no se considera un fallo, sino más bien un imprevisto no deseado.

Es posible generar un *glitch* corrompiendo datos digitalmente [error] o manipulando dispositivos electrónicos físicamente [ruido].

Fluxus fue pionero del *glitch*.

Nam June Paik y Wolf Vostell manipularon [distorsionaron] las imágenes de aparatos de televisión con grandes electroimanes. El arte del *glitch* es una práctica que aprovecha o provoca errores digitales con fines artísticos y estéticos.

Nam June Paik dijo en los 60:

Algún día los artistas trabajarán con condensadores, resistencias y semiconductores, igual que hoy lo hacen con pinceles, violines y basura.

El tiempo le dio la razón.

NOTA: El *glitch* solo tiene sentido a nivel representación. Un código con error no produce el comportamiento, ni la imagen, deseada.

Groys dijo:

Los soportes de signos del archivo no pertenecen al mismo, pues permanecen ocultos tras la superficie mediática de los signos que esos soportes ofrecen al observador del archivo.

Y, a colación de lo anterior, también dijo:

el soporte de signos no pertenece al archivo porque 'porta' los signos del archivo, pero él mismo no es, en absoluto, un signo del archivo.

Los soportes consumen, almacenan, procesan, trasiegan y producen información [datos], pero no son signos en sí mismos de tal información.

El espacio submediático es soporte.

La superficie mediática [Groy le denomina superficie mediático-ontológica] es imagen.

La palabra medio se utiliza para designar indistintamente al espacio submediático y a la superficie mediática; pero medio, en realidad es el todo, la unidad compuesta por el espacio submediático [dintorno] y la superficie mediática [contorno]; incluso a menudo por el entorno donde se produce la interacción objeto-sujeto.

Groys dijo:

> cuando se usa la palabra 'medio' en oposición a 'signo', normalmente se está indicando el soporte mediático, o […] el espacio submediático tras la capa de signos que cubre la superficie mediática.

Cuando McLuhan dijo: "el medio es el mensaje" se refería al soporte mediático o al espacio submediático y no a la capa de signos que cubre la superficie mediática [a la superficie mediático-ontológica].

En ausencia de mensaje, algunos creen que la capa de signos que cubre la superficie mediática es justamente el soporte mediático o espacio submediático;

en este caso, no se usa la palabra 'medio' en oposición a 'signo', sino en conformidad;

las fronteras del espacio mediático pueden resultar vagas, borrosas, difusas.

El mensaje es signo y los 'signos', según Bense, son substratos fenoménicos de la conciencia.

Si intentase sintonizar alguna frecuencia analógica en su televisor, como en tiempos anteriores al 'apagón analógico', solo verá puntos blancos y negros que algunos llaman [de manera coloquial] nieve y otros [de manera técnica] ruido blanco [a veces Gaussiano].

NOTA: Esta es la misma señal que podía verse una vez finalizada la programación diaria.

Se estima que el 1 % de ese ruido está provocado por la llamada 'radiación cósmica', que se originó hace unos 13.700 millones de años, cuando el universo 'acababa' de nacer.
En ausencia de señal, el ruido del medio podía tener más contenido que la programación habitual.

NOTA: No se trata de un mensaje del medio.

Se conserva-restaura el soporte solo en la medida en que permita [garantice] la epifanía de la imagen [la mayoría de las teorías de conservación-restauración, incluida la Teoría del Restauro, coinciden en esta frase].

Los medios digitales constan de una parte dura [*hardware*], otra blanda [*software*] y otra híbrida [*netware*].
A veces forman parte de la imagen, siempre del soporte.
Se les suele llamar 'máquina'.

NOTA: Un dato es código.

El hardware, en los nuevos medios, al menos suele albergar una máquina universal de Turing compleja capaz de simular una máquina de Turing arbitraria.

El software es información, datos e instrucciones [ambos son código; consumidos, almacenados, procesados, producidos, por hardware].

El software controla el comportamiento del hardware.

El netware es una combinación hardware-software para intercambiar información con otras máquinas;

es una de las principales interaces de un máquina.

NOTA: En 1956, Shannon encontró la máquina universal de Turing más pequeña posible;

demostró que dos símbolos eran suficientes, siempre y cuando fueran usados suficiente estados [o viceversa], y que siempre era posible intercambiar estados por símbolos.

NOTA: von Neumman implementó una máquina de Turing que usa una memoria para almacenar instrucciones y datos.

Muchas de las máquinas actuales utilizan máquinas [arquitecturas] von Neumman.

Las máquinas de von Neumann son máquinas autorreplicativas [capaces de copiarse a sí mismas].

John von Neumann es considerado uno de los matemáticos más importantes del siglo XX.

Tanto von Neumann como Shannon consideraron la redundancia como la estrategia ideal para superar la fragilidad

von Neumann concluyó que un todo formado de partes redundantes poco fiables se comporta como un todo formado por partes únicas muy fiables [algo clave para la conservación-restauración de nuevos medios; sean arte o no].

La diferencia es que el 'todo' formado de 'partes' redundantes poco fiables es más económico, fácil de mantener y robusto. La redundancia es clave; sobre todo, cuando las partes son poco fiables por naturaleza [COTS, Commercial off-the-shelf]. El todo formado por partes únicas muy fiables es más caro, difícil de mantener y frágil.

NOTA: Lo contrario de la frágil, no es lo robusto, sino lo antifrágil.
Lo robusto resiste al cambio [lo imprevisto, la incertidumbre, el desorden], lo antifrágil se beneficia de lo imprevisto, la incertidumbre, el desorden.
La antifragilidad fue introducida por el ensayista, investigador y financiero Nassim Nicholas Taleb en su libro *Antifrágil: Las cosas que se benefician del desorden*.

Hoy día, la mayoría de los componentes electrónicos [y de los sistemas que usan componentes electrónicos] son COTS. COTS son productos hardware o software empaquetados o enlatados [listos para usar... y tirar].
El arte de los nuevos medios, en general, es producido con componentes y sistemas COTS.

NOTA: Un sistema atómico está compuesto por componentes indivisibles [atómicos].
La mayoría de los sistemas está compuesto por subsistemas [partes]; algunos atómicos.
Un subsistema [parte de un todo] es [a su vez] un todo [en otra escala].

Cory Arcangel modificó el videojuego *Super Mario Bros*.
Eliminó todos los activos del juego.
Solo dejó el cielo y las nubes.
Super Mario Clouds es una obra de arte de nuevos medios [instalación de video digital multicanal] de 2002.

NOTA: La imagen de cubierta del libro, aunque es indiscernible de algún fotograma de *Super Mario Clouds*, no corresponde a *Super Mario Clouds*;
tampoco al videojuego *Super Mario Bros*.

Cory Arcangel es un artista post-conceptual [sea lo que fuere post-conceptual].

NOTA: Si tiene interés en conocer la diferencia entre arte conceptual y arte post-conceptual, revise, por ejemplo: *Arte conceptual* y *El arte más allá de la estética: Ensayos filosóficos sobre arte contemporáneo*, ambos escritos por el filósofo Peter Osborne.

Lev Manovich dijo:

> Los ordenadores y el software no son únicamente 'tecnología', sino más bien un 'nuevo medio' sobre el que podemos reflexionar e imaginar de forma distinta.

La sustancia de los nuevos medios es la imagen-código; imagen escrita en un lenguaje formal creado por el hombre; pero no para ser procesado [consumido] por el hombre, sino por las máquinas digitales;
código que sustituye a otros símbolos, código que es independientemente de la tecnología asociada a la generación o procesamiento de ese código.

Un nuevo medio puede ser una migración o remediación de un viejo medio o puede ser 'nuevo'; en esencia, sin precedente analógico.
El *e-mail art* es una remediación del *mail art*.
El *net.art* es un nuevo medio.

Brea define el arte electrónico de la siguiente manera.

> Suele llamarse así a todo el que funciona con chismes que se enchufan. Los más informados distinguen los cachivaches eléctricos de los propiamente electrónicos: aquellos que en algún rinconcito incorporan bien transistores bien chips, utilizando alguna tecnología informática.

Sin embargo, todo lo que funciona con chismes que se enchufan, no es arte de los nuevos medios.

El arte de los nuevos medios incorpora alguna tecnología informática en algún rinconcito;

de lo contrario, es precisa una remediación.

El arte producido con televisión analógica es arte electrónico.

El arte producido con televisión digital es arte de nuevos medios.

Ambas televisiones pueden ser soporte [para el *videoart*, por ejemplo] o imagen [instalaciones]; pero que sea un medio 'viejo' o 'nuevo', depende de la tecnología que utilizan.

Brea dijo:

> todo el arte que se produce, de modo específico, para su difusión y recepción efectiva a través de canales mediáticos (revista, radio, TV, Internet y punto) [medios muertos según Bruce Sterling] es media art.

Sino fuera por el "y punto", quizá el *videoart* y el *video installation art* podrían haber sido considerados como *media art* por Brea.

Las obras que utilizan como canal mediático Internet no son *media art*, sino *new media art*, dada su naturaleza digital [quizá se entienda mejor ahora parte del embrollo de la cartografía de los nuevos medios].

Lev Manovich es teórico de nuevos medios, profesor de informática, etc.

Claudia Giannetti dijo:

La práctica artística que desde entonces viene incorporando los nuevos medios –primero la fotografía y el cine, después el vídeo y el ordenador– y los nuevos sistemas de telecomunicación –primero el correo y el teléfono, después la televisión e Internet– ejerce gran influencia, principalmente a partir de los años sesenta, en el paulatino abandono de las pretensiones academicistas y ortodoxas de mantener las limitaciones tanto del arte respecto a las técnicas tradicionales y a los ámbitos precisos, como de la estética respecto a los fundamentos ontológicos.

Giannetti considera la fotografía, el cine y el vídeo analógico, nuevos medios; exactamente igual que el ordenador; para ella todos son nuevos medios.
Pero solo la fotografía, el cine y el video digital son nuevos medios [remediaciones de los medios analógicos].
El ordenador es un nuevo medio nativo, sin precedente.
Según la Wikipedia, Claudia Giannetti es teórica e investigadora; especializada en arte contemporáneo, *media art* y arte, ciencia y tecnología.

NOTA: El ordenador analógico existe.
No tengo constancia de obras de arte producidas con ordenadores analógicos.

Lev Manovich estableció en su libro *El lenguaje de los nuevos medios* una serie de principios que debe cumplir un medio para ser un nuevo medio [para ser 'nuevo'].

NOTA: Los principios de Manovich no son teoremas; sino proposiciones lógicas con más convenientes que inconvenientes.

Principios de Manovich:

a) *Representación numérica* Un nuevo medio está compuesto por código [código digital] por lo que puede ser descrito en términos formales [matemáticos] y ser sometido a una manipulación algorítmica.

Los nuevos medios son programables.

La representación simbólica de magnitudes con signos numéricos [dígitos] binarios [0, 1], necesita varios dígitos, situados en distintas posiciones, si las magnitudes que representan son mayores o iguales a dos.

Por ejemplo, la representación del número 128 corresponde a:

$$\begin{aligned} 10000000 \quad &= \quad 1 \times 2^7 + 0 \times 2^6 + 0 \times 2^5 + 0 \times 2^4 \\ &+ \quad 0 \times 2^3 + 0 \times 2^2 + 0 \times 2^1 + 1 \times 2^0 = 128, \end{aligned}$$

Observe que $2^0 = 1$.

129 correspondería a 10000001;

cualquier número con un 0 en la posición 0 [primera de derecha a izquierda], es par;

cualquier número con un 1 en la posición 0 [primera de derecha a izquierda], es impar.

El sistema de numeración binario, como el decimal, es posicional.

$$128 = 1 \times 10^2 + 2 \times 10^1 + 8 \times 10^0 = 100 + 10 + 8,$$

El sistema de representación numérica binario necesita más dígitos para representar un número, pero cada dígito suele puede tener uno de dos valores: $[0, 1]$; fácilmente representables y procesables por circuitos electrónicos digitales.

El álgebra de Boole, por ejemplo, es una técnica algebraica de manipulación algorítmica, para tratar expresiones de la lógica proposicional.

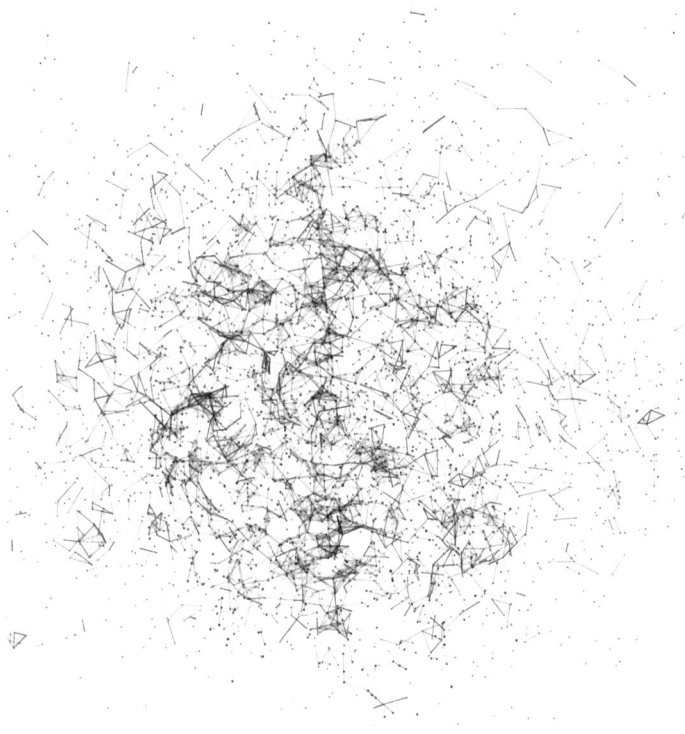

b) *Modularidad* Los nuevos medios se agrupan en objetos a escalas mayores a la vez que mantienen sus identidades. La modularidad remite inmediatamente al concepto de módulo.

Si un 'todo' es considerado un sistema [los nuevos medios pueden ser considerados sistemas] un módulo es una 'parte' del sistema y la modularidad es la característica del sistema que permite estudiarlo, verlo o entenderlo como la unión de varias partes que interactúan entre sí; partes que trabajan solidariamente para alcanzar un objetivo común; cada una de las partes se encarga de una o varias tareas necesarias para la consecución de tal objetivo.

Los sistemas modulares pueden ser representados como grafos en los cuales los nodos representan las partes y los enlaces entre los nodos las relaciones entre las partes.

Los grafos sirven tanto para representar la configuración de partes hardware y software como de partes netware.

Se suelen representar aislados, pero pueden ser entendidos como grandes sistemas superpuestos.

La visualización de datos es una práctica de nuevos medios que ha ganado autonomía.

Los artistas que trabajan en estas prácticas se suelen considerar artistas de datos.

Nicholas Rougeux dijo:

> El arte de los datos es presentar los datos de manera única para provocar una respuesta emocional, explorando así el lado artístico y las diferentes formas de procesar los datos.

Rougeux es artista de datos.

La modularidad exige interconectividad entre las partes; algo que facilita sobremanera el uso de 'conectores' estándares.

Entiéndase por conectores lo que permite el intercambio entre partes.

c) *Automatización* Operaciones tales como creación, manipulación y acceso, pueden automatizarse; es posible suprimir, en parte, la intencionalidad humana.

El colectivo Smack produjo *Speculum*, una versión digital de *El Jardín de las Delicias*.

La obra está compuesta de tres paneles de definición 4K donde una legión de seres extraños, inspiradas en la obra de El Bosco, reviven e interactúan en un video de tres minutos que se repiten de manera continua.

La obra pertenece a la Colección SOLO; gracias a su apoyo fueron creados en 2019 los cuerpos laterales: el paraíso y el infierno.

Tal interacción es automática, independiente de cualquier interacción humana.

La automatización exige parametrización.

El valor de determinados parámetros [de comportamiento, por ejemplo] son gobernados por algún procedimiento algorítmico [ajenos a la intencionalidad humana].

d) *Variabilidad* En lugar de copias idénticas, un objeto de los nuevos medios puede existir [ser] en versiones distintas; incluso de naturaleza diferente.

El hecho de que los elementos de los objetos mantengan sus identidades posibilita su manipulación de tal manera que se adapten, sobre la marcha, al sujeto [lógica postindustrial].

Los elementos mediáticos pueden alojarse en bases de datos a partir de la cual desplegar su multiplicidad [representación, resolución, forma, contenido].

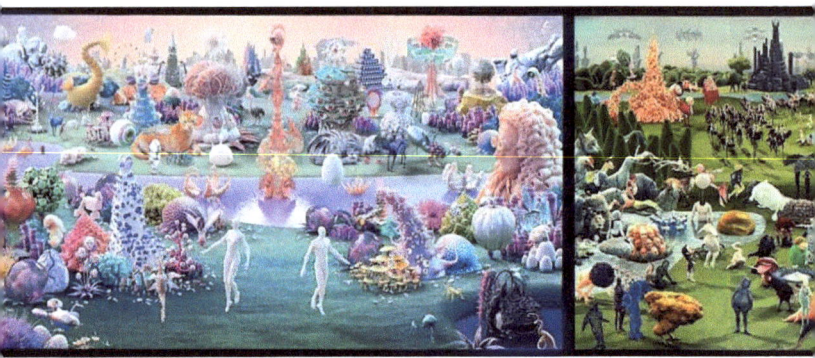

La variabilidad exige parametrización.

El valor de determinados parámetros [de configuración, por ejemplo] es gobernado por el artista o incluso por la interacción con el sujeto [a través de interfaces].

Tal variabilidad puede ser concebida como una 'herramienta' [más bien como una característica propia de los nuevos medios] que permite producir versiones diferentes de lo mismo.

e) *Transcodificación* Proceso mediante el cual cualquier medio traducido, convertido, transformado o migrado al dominio digital se convierte, *per se*, en un nuevo medio.

La transcodificación señal-dato/dato-señal es la propiedad más importante de un nuevo medio debido a las implicaciones que conlleva.

Un nuevo medio puede ser inmersivo, ubicuo, interactivo, etcétera.

En la remediación, los nuevos medios conservan rasgos culturales del viejo medio porque la interfaz conserva cierta familiaridad.

Cambia el soporte pero no la experiencia; no del todo.

En la remediación, el viejo medio se convierte en contenido del nuevo medio.

Los nuevos medios, en cuanto a su estructura u orden; están diferenciados en dos capas, 'capa cultural' [imagen] y 'capa informática' [soporte].

La capa informática [soporte] afectó, afecta y seguirá afectando a la capa cultural [imagen].

La transcodificación es consecuencia de la informatización de los medios;

Manovich le llamó *softwarización* a posteriori, en referencia a todos los procesos algorítmicos que posibilita.

Suele ser llamada *digitalización* o *datificación* en referencia a la obtención de información, de datos.

La representación numérica es consecuencia de la transcodificación.

La modularidad es, en gran medida, consecuencia de la transcodificación.

NOTA: Una interfaz es una conexión física y funcional entre dos sistemas independientes.

El arte de los nuevos medios ¡siempre será nuevo! [siempre] Esto es muy importante porque aquí 'nuevo' resulta un término útil y práctico;
significará lo mismo hoy y un día cualquiera del próximo siglo.
La tecnología no volverá, en lo esencial, a lo analógico.
Los nuevos medios son más pequeños, más baratos y más potentes que los viejos medios e, imprescindible, representan al mundo físico con una precisión superior al umbral de percepción humano [nivel de discriminabilidad].

NOTA: Cuando digo, 'en lo esencial', me refiero a que muchos procesos seguirán siendo analógicos [como la señalización, que porta o modula la información digital en formato analógico para su correcta transmisión alámbrica o inalámbrica], pero serán transparentes ['vistos' como digitales de extremo a extremo; entra información digital en un extremo y sale información digital por el otro sin importar lo analógico que ocurra en medio].

NOTA: Cuando digo, 'umbral de percepción humano' me refiero al límite de discriminabilidad, a aquel mínimo de un estímulo físico por debajo del cual nada es percibido [JND, Just Noticiable Difference].
La ley psicofísica de Weber-Fechner establece una relación cuantitativa entre la magnitud de un estímulo físico y cómo este es percibido.
Weber le llamó 'ley de la sensación'; tiene la forma:

$$p = k \ln \frac{S}{S_0}.$$

S es el nivel del estímulo y S_0 es el nivel del estímulo por debajo del cual no se percibe sensación;

k es una constante de esas que aparecen de vez en cuando en fórmulas más o menos empíricas para que la fórmula ajuste mejor con la realidad.

NOTA: Según la Wiki:

la percepción puede referirse, generalmente, a estímulos sensoriales primitivos como la luz, el ruido, el olor, etc., o compuestos (que se derivan al combinarse en un sexto sentido algunos de los anteriores), como el peso, la velocidad, una vibración, la presión, el calor, un dolor, un golpe, un mareo, etc., sin alcanzar extremos tales como la parapsicología o la percepción extrasensorial.

Al arte de los nuevos medios el mundo anglosajón le suele llamar *time-based media*, lo que se podría traducir como medios basados en el tiempo.

Según el Museo Guggenheim:

Contemporary artworks that include video, film, slide, audio, or computer technologies are referred to as time-based media works because they have duration as a dimension and unfold to the viewer over time.

Lo que se podría traducir como:

Obras de arte contemporáneas que incluyen vídeo, películas, diapositivas, audio o tecnologías informáticas; se denominan obras mediáticas basadas en el tiempo porque tienen la duración como dimensión y se despliegan ante el observador a lo largo del tiempo.

Esta definición tiene varios problemas; en primer lugar no distingue lo analógico de lo digital [algo muy conveniente], en segundo lugar deja fuera varias prácticas artísticas contemporáneas como la *performance*, la danza, el teatro, etc.; a pesar de ser obras mediáticas basadas en el tiempo porque tienen la duración como dimensión y se despliegan ante el observador a lo largo del tiempo; en segundo lugar deja fuera prácticas relacionadas con la imagen [analógica o digital] y con todas aquellas que no tienen la duración como dimensión [es decir, no dependen del tiempo]; en tercer lugar coleccionar, preservar y exhibir este tipo de obras de arte no exige la misma complejidad técnica y retos éticos para los conservadores-restauradores.

El futuro de las obras de arte analógicas, basadas o no en el tiempo, pasa por la remediación.

El futuro de las obras de arte digitales [nuevos medios] tiene mayor futuro; pasa por hacerlas evolutivas y antifrágiles [algo poco probable de realizar con la electrónica de los 'viejos' medios].

Que duren es lo de menos.

La conservación-restauración de diapositivas o películas, por ejemplo, pasa por la conservación-restauración de cada diapositiva y fotograma y estas no dependen del tiempo; son imágenes digitales.

Los nuevos medios son, por naturaleza, progresivos, inmateriales y reactivos.

NOTA: El soporte [el espacio submediático] es un sistema. La imagen [capa de signos que cubre la superficie mediática] es un sistema [de signos].

La progresividad [una interpretación del término inglés *performativity*], determina el carácter activo y procesual de la obra. Las obras que no se pueden manifestar [no funcionan] sin alguna fuente de suministro energético: eléctrica, eólica, física, química, biológica, mecánica, hidráulica, neumática, etc., o cualquier combinación de estas, no son progresivas, sino más o menos efímeras, independientemente de la intensión del artista.

El suministro energético actúa como un compensador negentrópico que fuerza a cierto estado de cosas, a cierta estabilidad.

El código es información.
No es materia, ni energía, sino información.
La sustancia de los nuevos medios es el código; necesita de un soporte físico que consuma, almacene, procese, transmita, produzca, información; lo necesita tanto como un lienzo de un marco, pero no son lo mismo; no corresponden al mismo nivel ontológico.
El soporte es perecedero.
¡El código es imperecedero!

McLuhan dijo:

> Todos los artefactos humanos, –ya sea el lenguaje, o las leyes, o las ideas, o las hipótesis, o los instrumentos, o el vestido, o los ordenadores– son extensiones del cuerpo físico o de la mente.

Los medios son también extensiones del hombre y, por lo tanto, sirven como sensores o actuadores; permiten interactuar y reaccionar.
Los medios traducen gestos en acciones y reacciones.

Algunos aspectos que deben tenerse en cuenta en la conservación-restauración del arte de los nuevos medios:

Los nuevos medios son nuevos; no solo por el cambio del dominio analógico al digital que supuso, sino porque son producidos *aquí-y-ahora* [al menos no anteriores a la década del 60]; es decir, muchos de los artistas de nuevos medios están vivos.

Se colecciona lo que Philip Fisher denominó 'pasado del futuro'; pero, en el presente, cuando una obra es adquirida por un museo para su colección, por defecto, pasa a ser parte del patrimonio [BIC, Bien de Interés Cutural] y por lo tanto queda sometida al amparo de las leyes de patrimonio; que velan por su transmisión al futuro con el mismo rigor y exigencia que una obra de arte que sí ha resistido al paso del tiempo.

Ningún museo, por razones obvias, adquiere una obra eximiéndola del valor de interés cultural.

Sin embargo, el propio reconocimiento del arte cambia con el tiempo y no es, en modo alguno, unánime en todas las épocas y sistemas o mundos del arte.

Los trabajos contemporáneos valorizados al entrar a la colección del museo [por el proceso de transmutación de valores] son en un sentido proyectados al futuro, juegan un papel en una historia anticipatoria en la que no hay historicidad.

Las leyes de patrimonio en España [hasta hoy, en 2022] exigen que se conserve lo que se adquiere; sin embargo, tal adquisición está indisolublemente ligada a la materialidad.

Las leyes deben cambiar, actualizarse; pero, mientras no lo hagan, provocan y provocarán más de una situación paradójica.

La tecnología de una obra de arte de nuevos medios adquirida, incluso en el momento de su adquisición, puede que ya esté obsoleta;

de lo contrario, en unos pocos meses o años lo estará.

La obsolescencia tecnológica es el 'problema' fundamental de los nuevos medios, su talón de Aquiles.

La obosolescencia puede ser natural, inducida o programada.

La obsolescencia natural sigue un ciclo.

El ciclo de vida de un sistema propuesto por Livingston consta de seis etapas o fases: introducción, crecimiento, madurez, saturación, decadencia y eliminación.

Pasado un período o tiempo de supervivencia [en la fase de saturación] el sistema, o parte del sistema, quedará obsoleto de manera natural.

NOTA: El tiempo de supervivencia se puede [y se debe] estimar para predecir el cambio.

La obsolescencia inducida es una maniobra puramente mercadotécnica orquestada [la publicidad gasta cantidades obscenas de dinero en ello] para hacernos creer que nuestro artefacto ya no sirve y necesitamos otro [aunque funcione sin fallos]; también se conoce como obsolescencia psicológica.

La obsolescencia programa es una práctica deshonesta y torpe según la cual cada dispositivo lleva su propio Caballo de Troya en su interior. Pasado un tiempo [alrededor de dos años hoy día] comenzarán los problemas, se detendrá o se autodestruirá. Cualquier obra de arte de nuevo medio [incluso nueva] es un sistema decrépito, decadente y caduco, *per se*.

Es imposible [o inútil] hablar de arte de los nuevos medios sin tener en cuenta su conservación-restauración.

La única manera de 'atacar' a la obsolescencia es tratándola como una oportunidad y no como una debilidad.

Todas las partes de un sistema deben ser modulares [lo suficientemente descentralizadas] y todas sus interfaces estándares [lo suficientemente integrables] desde el diseño; es decir, desde la producción; es lo deseable.

Si esto no ocurre, es necesario aplicar una estrategia de recreación mediante la cual se introduzcan estas propiedades antifrágiles y evolutivas.

Una obra de arte de nuevos medios antifrágil debe ser evolutiva, debe estar preparada para cambiar una parte [cualquier parte] sin que afecte el comportamiento del todo; esto es independiente de si se trata de hardware, software o netware.

NOTA: Si lo que resulta obsolescente es alguno de los estándares de comunicación entre partes [interfaces], existen varias estrategias que permiten solucionarlo; una de ellas es cambiar la interfaz de comunicación en ambos extremos [*peer-to-peer*] sustituyéndola por un nuevo estándar.

Por ejemplo, la sustitución de una comunicación alámbrica RS232 por una comunicación inalámbrica Bluetooth o WiFi.

En los nuevos medios la interfaz de comunicación suele funcionar por capas; todas ellas estandarizadas.

Es imprescindible no perder de vista que cualquier obra de arte consta de dos partes funcionalmente independientes.

Una parte actúa como soporte y la otra como aspecto.

El soporte funciona como estructura [artefacto].

El aspecto como imagen [objeto de arte].

Se conserva-restaura la imagen; la identidad de la imagen. Se conserva-restaura el soporte [esto ya lo he dicho antes, pero es conveniente, por su importancia, repetirlo aquí] solo en la medida en que propicie [beneficie] la epifanía de la imagen. Esto no es ninguna novedad [repito]; lo propuso Brandi en su *Teoría del Restauro*, en 1963.

Cesare Brandi fue historiador y crítico de arte, además de ensayista y especialista en la teoría de la restauración de las obras de arte.

Algunos consideran la *Teoría del Restauro* como una de las principales contribuciones conceptuales en conservación y restauración.

Brandi escribió la *Teoría del Restauro* pensando en los problemas de conservación-restauración de los medios tradicionales como la pintura, la escultura y el grabado [también la arquitectura], aunque nadie le ha llamado o le llame medio.

No la escribió pensando en el arte contemporáneo, mucho menos en el arte de los nuevos medios [que nacían por aquellos años en los que escribía su teoría].

Pensar en la teoría de Brandi como una teoría general es un error [un absurdo error].

Aplicar la teoría de Brandi al arte contemporáneo, tal cual [como si se tratase de un conjunto de axiomas], es un error.

Aplicar la teoría de Brandi al arte de los nuevos medios, tal cual, no tiene sentido [es más bien un contrasentido].

La imagen puede ser material, inmaterial o híbrida.
La imagen de *Super Mario Clouds* es inmaterial.
La materialidad es uno de los pilares de la teoría de Brandi.

Los nuevos medios son frágiles no solo por la obsolescencia. A veces, la insuficiencia técnica de una producción supera con creces cualquier problema a más largo plazo,

Gran parte de este problema se debe a la dicotomía arte-ciencia. Los planes de estudio universitarios no contemplan la producción de arte [ni la conservación-restauración de este tipo de arte] en la intersección del arte, la ciencia y la tecnología.

En las facultades donde se enseña pintura, escultura, grabado, no se enseña matemática, física o química;

tampoco materias de las ciencias de la información, etc.

En las facultades donde se enseña matemática, física o química, no se enseña arte.

El artista es solo artista.

El ingeniero es solo ingeniero.

Ni siquiera existe un lenguaje común.

Se trata de mundos estancos con poca o ninguna interacción.

NOTA: En el itinerario de conservación-restauración sí se enseña química [la materialidad es fundamental en los medios tradicionales].

Las carencias metodológicas fruto de esta desconexión académica, agudiza la fragilidad de un arte que depende de la energía, de la tecnología y que habita en un entorno agresivo, interactivo, vulnerable y decadente [las probabilidades de supervivencia en estos casos son de pronóstico reservado].

Muchos creen que la conservación-restauración de una obra de arte de nuevos medios involucra al artista; quizá porque en la mayoría de los casos el artista está vivo cuando su obra se convierte en BIC [por obra y gracia de las leyes de patrimonio].

La 'entrevista al artista' es una de las herramientas preferidas y defendidas con mayor vehemencia por esta comunidad. Para la conservación-restauración de la pintura, la escultura y el grabado jamás se le pidió opinión al artista; quizá porque en la mayoría de los casos estaba muerto cuando su obra llevaba años en el archivo cultural; quizá porque no era necesario.

NOTA: El artista no es conservador-restaurador.
Los artistas producen obras de arte.
Los conservadores-restauradores velan por la eficiencia simbólica de las obras de arte producidas por los artistas.
Ambos juegan roles diferentes [aunque relacionados] en torno a una obra de arte.
Ambos poseen competencias diferentes.

El artista vela por el estricto cumplimiento de la propiedad intelectual.
El conservador-restaurador vela por el estricto cumplimiento de las leyes de patrimonio.
Las preocupaciones de los artistas y las de los conservadores-restauradores son diferentes [las leyes también].
En la mayoría de los casos no van a las mismas fiestas, ni comparten las mismas portadas de revistas.
Jamás un conservador-restaurador ha sido portada del TIMES, ni ha sido elegido 'hombre del año'.

Los conservadores-restauradores son a los artistas lo mismos que los dobles a las estrellas de cine.
Cuando la producción de una obra de arte de nuevos medios es insuficiente, la culpa [y la responsabilidad de que sea suficiente] es del conservador-restaurador.

Los artistas pintan quizá porque lo hacen mejor que hablan.

NOTA: Algunos artistas hablan perfectamente bien; incluso mejor que pintan, esculpen, graban, encuentran objetos, destrozan algo o producen un obra con la 'ayuda' de un complejísimo algoritmo de inteligencia artificial [IA].

Miquel Barceló dijo en una 'entrevista al artista':

Un restaurador no tiene que intervenir ante estas obras [se refiere a las esculturas] a menos que sea para eliminar el polvo o algo parecido. Deben ir con mucho cuidado. [...] Siempre dicen que están formados, siempre dicen que todo es reversible y, después, hacen unos desastres terribles. [...] Nada, no hacer nada. Mirar, aprender ... (reflexiona). Es que, claro, depende de lo que pase. Si se rompe una cerámica, se puede pegar...no sé. [...] Los restauradores deberían dedicarse a los tatuajes o algo así. [...] Los restauradores tendrían que hacer como en el arte conceptual, es decir, solo restauraciones verbales, no hacer nada.

Los artistas, a veces [antes de atenerse a las normas del lenguaje], deberían considerar seriamente si no deberían pintar, esculpir o grabar [liberarse de las normas del lenguaje].

Gran parte de este desvarío se debe a una mala interpretación de la teoría del Restauro de Brandi.
Otro de los pilares de su teoría es la reversibilidad.
Pero, en el arte de los nuevos medios la reversibildidad es una falacia y ya conocemos muchos de los excesos irreversibles que han destruido parte del patrimonio durante el propio desarrollo de la disciplina.
A pesar de que, todavía hoy, siguen siendo noticia [titulares].

A ningún artista que trabaja con medios 'tradicionales' [aún lo hacen] como la pintura, la escultura y el grabado se les pregunta ¿cuál fue su intención?, ¿qué se debe hacer con su obra en el futuro?, ¿cómo debe ser considerada?

El conservador-restaurador deduce las acciones a realizar a partir del análisis [más objetivo que subjetivo] de las obras.

Debería decir del 'análisis científico' de las obras; pero ni es solo científico, ni las decisiones a tomar son tan objetivas.

NOTA: Los conservadores-restauradores utilizan un buen número de extensiones para el análisis no destructivo o no invasivo de una obra. Por ejemplo: rayos infrarrojos [cercano (780nm a 2.500nm), medio (2.500nm a 5.000nm) y lejano (50μm a 1.000μm)], rayos ultravioletas [10nm a 380nm], rayos X [0.01nm a 10nm], visible [380nm a 780nm], láser, luz rasante, luminiscencia/fluorescencia UV-Visible, etc.

El análisis 'científico' permite la realización del estudio de conservación [*condition report*] de una obra; sin embargo, las decisiones de conservación-restauración son subjetivas; depende de las consideraciones de los expertos.

Para la mayoría de las obras de nuevos medios estas técnicas son innecesarias.

Las obras de arte de nuevos medios son sistemas tecnológicos que pueden incluir muy diversas tecnologías.

Los sistemas tecnológicos requieren de la experiencia de los expertos en sistemas tecnológicos.

NOTA: Un sistema tecnológico se diseña y produce para que funcione libre de error. Existen una serie de metodologías y técnicas pensadas, diseñadas y probadas para ello.

Considere que las naves espaciales y las centrales de energía nuclear están gobernadas por sistemas tecnológicos.

NOTA: La infraestructura tecnológica de una obra de arte de nuevos medios se diseña y produce para que produzca determinada 'imagen'.
Entiéndase por imagen la superficie mediática capaz de interactuar con los sujetos [observadores].
El requerimiento 'libre de error' no es tan restrictivo.
En la gran mayoría de obras de arte de nuevos medios, la integridad física de los sujetos no corre peligro.

La fragilidad del arte de los nuevos medios provocada por la insuficiencia técnica de la producción se debe, en general, a dos factores: no empleo de metodologías y técnicas [desconocimiento total o parcial del área de conocimiento], y/o [relacionada con la primera] no agotamiento de la fase de depuración de error cuyo objetivo es conseguir un sistema libre de error [al menos lo suficientemente libre de error].

NOTA: Existen dos tipos de error frecuentes: continuo e intermitente.
El primero es más deseado que el segundo; corresponde a un estado de no funcionamiento permanente.
El error es grave.
No es posible conseguir que el sistema funcione si no se corrige [repara].
El segundo es un estado de funcionamiento intermitente; a veces funciona bien, a veces no.
El error es escurridizo y mucho más difícil de detectar y corregir [y de reparar].

Las metodologías del área de conocimiento de la ingeniería [hardware (aunque nadie le llama así, sino electrónica) y software] disponen de herramientas de depuración y control de errores [*debugger*].
A veces son ignoradas por ignorancia; a veces por las prisas [no hay tiempo, ni dinero, para terminar; aunque sí interés].
Las obras de arte de nuevos medios no libres [presas] de error son un gravísimo problema para conservadores-restauradores; teniendo en cuenta que, en ocasiones, los artistas se niegan a entregar el código fuente por temor a una reinterpretación no afortunada de la obra [quizá por las implicaciones de la indiscernibilidad del código].

NOTA: Téngase en cuenta que artistas y conservadores-restauradores utilizan en gran medida las mismas herramientas, aunque con propósitos diferentes.

Algunas consideraciones a tener en cuenta relacionadas con la entrevista al artista:

En muchos casos las obras de arte de nuevos medios son heterógrafas; es decir, son realizadas por un tercero con la autorización del artista [el artista desconoce los detalles].
El productor sirve de medio para implementar la idea del autor; a diferencia del arte autógrafo donde ambos roles coinciden en la misma persona: el autor.
El artista [autor], salvo que invite a la entrevista al productor, poco o nada puede decir acerca de la unicidad de la obra.
Puede hablar sobre el aspecto [que funciona como imagen], pero poco o nada de la estructura [que funciona como soporte].

NOTA: Si el artista delega la producción de su obra a un ingeniero o equipo de ingenieros [en el mejor de los casos] es porque considera que serán capaces de hacer lo que, quizá, él no sea capaz de hacer [recuerde aquello de la dicotomía arte-ciencia, etc.] o que lo harán mejor que él.

En este caso su intención se referirá únicamente 'a lo que hace' el objeto [como imagen]; no a 'cómo lo hace' [como soporte].

Lo primero, de hecho, cae en el ámbito de la interpretación y no necesariamente será verdad [relea la demostración del principio de incertidumbre de Heisenberg por Salvatore Garau].

No es posible decretar como estado de verdad lo que solo es la intención del artista [una pretensión de estado de verdad].

La entrevista al artista queda como un documento; ya sea texto, audio, vídeo, multimedia, etc.

Este documento, aunque sea solo de trabajo, queda como testimonio y como pacto [acuerdo informal].

No es un acuerdo *de lego*; es un acuerdo *de facto*, que ambas partes [se supone] deben cumplir de manera tácita [pese a su informalidad].

No es un documento para el estudio y diseño del mejor plan de conservación-restauración, sino más bien para establecer [en lo fundamental] ciertos límites o rayas rojas que no se deben sobrepasar.

Es decir, el artista juega el rol de conservador-restaurador; decide qué se puede hacer y qué no con su obra, tenga conocimiento [competencia] o no, esté equivocado o no.

El artista siempre tiene la razón.

NOTA: Si el artista tuviese las competencias del conservador-restaurador todas las obras de arte fueran igualmente conservables.

Si el artista tuviese las competencias del campo de las ingenierías todas las obras de arte de nuevos medios fueran igualmente conservables.

Todas las obras de arte de nuevos medios estarían producidas de manera antifrágil y evolutiva.

NOTA: Los pintores aprenden la preparación técnica necesaria para que sus lienzos aguanten el paso del tiempo.

Se dice que el color muerto de Van Eyck, es decir, su pintura inferior ha sido más perfecta que el cuadro acabado de otros pintores.

Una pintura inferior al temple, monocromática o en vestigios de color local, facilita, como se sabe por experiencia, la terminación en veladuras con colores resinosos al óleo y aumenta extraordinariamente la luminosidad.

En general, a los artistas les interesa la producción de sus obras, no la conservación-restauración de sus obras.

La entrevista al artista, de alguna manera, les involucra con cierto grado de intrusismo.

Saatchi dijo:

> En la inversión no hay reglas. Los tiburones son buenos. Las boñigas creadas por el artista son buenas. La pintura sobre lienzo es buena. Hay un montón de conservadores por ahí que cuidarán de cualquier cosa que un artista decida que es arte.

Charles Saatchi es un conocido gurú del arte contemporáneo; observe [no pierda el detalle] que se refiere a las obras de arte como 'inversiones'.

Para Saatchi una obra de arte, independientemente del medio, es una mercancía [algo con lo que comerciar o especular].

Los tiburones, boñigas de vaca y la pintura sobre lienzo [todas al mismo nivel] pueden ser buenas como inversión, pero no son igualmente conservables.

Los tiburones no son fácilmente conservables [de hecho el tiburón de Damien Hirst titulado *La imposibilidad física de la muerte en la mente de alguien vivo* está introducido en una solución con base de formol en lugar de alcohol].

Todas las obras compuestas por materiales orgánicos no son fácilmente conservables [algunas difícilmente conservables o imposibles de conservar].

Steve Cohen pagó 9,5 millones de euros por la obra.

¿Qué pasa si no es conservable?

Larry Gagosian, de la Galería Gagosian, de Londres, actuó como intermediario en la venta de la instalación de Hirst. Gagosian dijo a The Art Newspaper:

> El tiburón es una obra conceptual y el hecho de sustituirlo por otro de igual tamaño y aspecto no altera la pieza.

Para Gagosian, que no es conservador-restaurador, la sustitución es la clave:

> Si uno tiene una obra de Dan Flavin [artista que utiliza tubos fluorescentes para sus instalaciones] y una de las luces se funde, basta con sustituirla. Ello no afecta al significado ni al valor de la obra.

Algunos creen que mientras existan tiburones de igual tamaño y aspecto y tubos fluorescentes no existen problemas de conservación-restauración.

La sustitución no afecta ni al significado, ni al valor de la obra [eso creen].

Pero, resulta que los tubos fluorescentes que utilizó Flavin en sus instalaciones ya no se fabrican industrialmente [especialmente los de color rojo].

Ippolito dijo:

Flavin escogió a propósito tan solo los ocho colores estándar de los tubos fluorescentes disponibles. Cuando unos años más tarde el Guggenheim y el Dia Center for the Arts montaron una retrospectiva de sus trabajos, el conservador descubrió que uno de aquellos colores, el cereza rojo profundo, había dejado de comercializarse porque la exposición a un pigmento tóxico que revestía el interior del tubo [otros dicen que contienen mercurio] representaba un peligro laboral para quienes lo fabricaban. Como consecuencia, los coleccionistas de los trabajos de Flavin tuvieron que hacerse con todas las bombillas rojo cereza que pudieron encontrar, y almacenarlas para ser utilizadas en futuras exhibiciones. Es sin duda una ironía que trabajos basados en la aparentemente infinita reproducibilidad de la fabricación industrial, ahora estén guardados en los almacenes del Guggenheim, junto a muchos Kandinskys y Picassos.

Los coleccionistas, en previsión a la escasez de fluorescentes, atiborran de repuestos sus almacenes o mantienen apagadas las obras para conservarlas con el máximo cuidado posible, como si de un fresco renacentista se tratara; lo que era una mera forma de conseguir recambios, resulta la única manera de asegurar la 'autenticidad' de cada obra y conjurar su 'aura' artística.

Hoy día [2022] los tubos están descontinuados; ahora tienen que hacerse a medida.
Los produce y vende la Stephen Flavin/Artists Rights Society (ARS), Nueva York.
Jon Ippolito es artista, educador, estudioso de los nuevos medios y ex curador del Museo Solomon R. Guggenheim.

Las pinturas, esculturas y grabados no se entregan o venden con un 'manual de uso' [mucho menos con un manual de conservación-restauración].
El objeto de arte es, en este sentido, completamente autosuficiente.
El propietario lo coloca donde mejor le parece [tampoco acompañan instrucciones al respecto] y... fin de la historia.
Sin embargo, las obras de arte de nuevos medios sí se deben entregar o vender con más de un 'manual de uso' adjunto;
tal y como ocurre con los objetos homólogos del espacio profano [aunque la mayoría no los lea].
El 'manual de encendido-apagado', por ejemplo, especifica la secuencia correcta de ambos procesos: inicialización y terminación.
A veces los artistas consiguen que todo esto se realice pulsando un botón rojo y grande, pero la mayoría de las veces... no.
Hay que respetar determinas secuencias y tiempos y también saber qué hacer cuando algo 'falla'.

NOTA: Si tengo una obra de Dan Flavin y una de las luces se funde, no basta con sustituirla.
Es preciso sustituir todas las lámparas [incluso las que no se han fundido] para que la instalación conserve la misma iluminación aparente.

El 'manual de exhibición' no es menos importante: contiene los protocolos de exhibición.

Por ejemplo, la obra *News*, de Hans Haacke, requiere el cambio de papel en la impresora cada cierto tiempo;

es preciso disponer de la cantidad de papel y de tinta para la impresora y de las instrucciones precisas de cambio [en tiempo y forma; piense que quizá no sea un conservador-restaurador quien se encargue de estas tareas, sino un auxiliar de sala, vigilante de sala o vigilante de museo].

Los 'manual técnicos' deben especificar cada parte de la obra con lujo de detalles: planos, esquemas, códigos, flexibilidad y límites en la sustitución de las partes, etc. [un largo etcétera].

Es posible que no encuentre estos documentos por estos nombres; quizá cuenten con otros títulos pero, con independencia del título, todos estos documentos son imprescindibles para garantizar el buen funcionamiento del soporte y, en consecuencia, la epifanía de la imagen.

NOTA: Estos documentos son independientes de la entrevista al artista.

La entrevista al artista es opcional [completamente opcional]. Estos documentos o manuales son obligatorios.

NOTA: Algunos artistas no entregan o venden sus obras correctamente documentada.

Es probable que colabore con el montaje y exprese, de viva voz, estas directrices fundamentales; pero, si no lo expresa de manera escrita [o en algún formato multimedia] en el futuro [cuando no exista ni el artista, ni sus ayudantes] todo será interpretable y confuso; incluso indeterminado.

NOTA [continuación]: Algunos artistas entregan o venden sus obras correctamente documentada.
En este caso la documentación [medios mediante los cuales documenta su obra] actúa como un contrato que los conservadores-restauradores deben respetar.

Es el artista, no el conservador-restaurador, el responsable de redactar y proveer esta documentación [en el momento de registro; incluso antes].
Es el conservador-restaurador, no el artista, el responsable de revisar y verificar la documentación [en el momento de registro, si fuera posible].

Aunque algunos artistas se preocupen por documentar sus obras de arte de nuevos medios correctamente, son los conservadores-restauradores los destinatarios de todos los problemas que surjan si la documentación es incompleta, inexacta o inexistente.

La documentación proveída por el artista no es, ni sustituye, el 'informe de estado de conservación' de la obra [*condition report*].
El *condition report* de la obra es un documento gráfico y fotográfico que indica el estado de conservación de la obra en el momento de su salida de una colección [se podría decir que es un informe del 'estado de autenticidad' de la obra de arte].
El *condition report* de la obra no es, ni sustituye, la documentación proveída por el artista.
Se trata de dos documentos diferentes, con fines y usos diferentes.

El *condition report* es el único documento firmado por el conservador-restaurador con el que el prestador puede probar que, si en el transcurso de un préstamo o en un viaje de ida o vuelta la obra presenta cambios o daños, tales daños han sido provocados durante el préstamo de la obra [otorgándole el derecho a realizar las reclamaciones correspondientes por los daños provocados].

NOTA: Una obra de arte no debería salir de una colección sin un *condition report* realizado por un conservador-restaurador especializado.
Una obra de arte no debería entrar a una colección sin un *condition report* realizado por un conservador-restaurador especializado.

El prestador debe registrar el estado de conservación de sus préstamos.
El prestatario debe asegurarse de comprobar y registrar el estado de conservación en el momento de la recepción de la obra de arte.
El informe del estado de conservación tiene [más bien] una finalidad penal, no técnica.

El conservador-restaurador debe estar preparado, debe tener un conocimiento profundo de las cosas que pregunta al artista [al nivel de las competencias que le exige elaborar un *condition report*].
Si no lo tiene, debe ir acompañado de algún experto [si este último entiende de conservación-restauración… mejor].
La documentación de la obra de arte tienen [más bien] una finalidad técnica, no penal.

La artista Eugenia Balcells reprodujo su obra *TV Weave* íntegramente para la exposición Primera Generación: arte e imágenes en movimiento (1963–1986) en el Museo Nacional Centro de Arte Reina Sofía (MNCARS) en 2006.

La obra estaba compuesta por 48 televisores analógicos de 4 tamaños diferentes [29, 25, 21, y 14 pulgadas] cubiertas con cinta adhesiva de manera tal que, en lugar de la imagen emitida por cadenas y programas de TV del momento, solo se veían algunas líneas.

Durante el montaje, Balcells dejó claro que la emisión debería ser analógica y recibida por antena en tiempo real [nada de remediación]; que solo permitiría la reproducción de grabaciones de emisiones televisivas en DVD solo cuando al espacio donde se encontrase la instalación no llegase la señal.

Mikel Rotaeche González de Ubieta, el conservador-restaurador que realizó la entrevista a la artista, consideró que "de otro modo se estaría traicionando la idea original".

NOTA: a) La señal en DVD es digital [no llegaba señal al espacio destinado para su exposición],
b) la reproducción de la grabación no es en tiempo real.

Según lo hecho y dicho por la artista, se trataba de una flagrante traición de la 'idea original'; sin embargo, no es esta la mayor contradicción.

La mayor objeción, la mayor traición, por donde no pasaron ni artista, ni conservador-restaurador, fue utilizar la emisión digital recibida por antena en tiempo real.

El conservador-restaurador escribió en su libro *Conservación y restauración de materiales contemporáneos y nuevas tecnologías*:

Es habitual que la señal digital de televisión se fragmente en píxeles durante su emisión. Cuando esto ocurre la imagen se queda congelada en la pantalla y aparecen los cuadros característicos que forman los píxeles. Este fenómeno es perfectamente reconocible con las pantallas tapadas por cintas y rompe el flujo de energía que la artista busca. La artista se refiere a estas líneas como el 'recorrido puro de los electrones' por lo que entra en contacto con la esencia energética y lumínica de la información. Por tanto, si se rompe el flujo constante de imágenes e información, se desvirtúa la obra.

NOTA: La señal digital de televisión no se fragmenta en píxeles durante su emisión; se codifica y transmite [y se distribuye] en píxeles para su representación.

La imagen no se congela en la pantalla [esto solo ocurrió en los primeros días de la televisión digital terrestrre, TDT; cuando falla la emisión en la televisión se muestra un mensaje: NO HAY SEÑAL, no una imagen congelada].

Los píxeles no forman ningunos cuadros característicos; solo aparecen [aparecían en los primeros días de la TDT] en caso de fallo.

Las líneas de los televisores analógicos no son el 'recorrido puro de los electrones';

son el resultado del choque de electrones acelerados [cationes] contra una superficie recubierta de fósforo.

No existe ningún contacto entre la esencia energética y lumínica de la información.

La información no es energía.

La información no es materia.

La información no es luz [excepto si es expresado en sentido metafórico].

La 'congelación' y el 'pixelado' de la imagen son consecuencias de problemas técnicos, fallos;

no son atributos de la televisión digital [faltaría más].

Atención con las ideas 'originales'.

En primer lugar cualquier idea, por el hecho de ser una idea, no es verdad [ni original].

Es necesario verificar la certeza de lo dicho.

En 2010 ocurrió el apagón analógico.

La razón ya la he comentado antes de manera genérica.

En lo particular, la televisión digital es superior a la televisión analógica y ofrece [al menos] la misma calidad a menor coste.

NOTA: Recuerde que es posible simular la calidad analógica con técnicas digitales.

Recuerde que no es posible simular la calidad digital con técnicas analógicas.

Gracias a los argumentos vertidos por ambos, artista y conservador-restaurador [en una entrevista al artista] la obra debió 'morir' dignamente [quizá se encuentre 'fuera de servicio'] por el simple hecho de aceptar argumentaciones erróneas [y peregrinas] y prejuicios infundados [el cerebro humano no es capaz de componer imágenes con tan pocas líneas].

Los trazos de colores en movimiento que aluden al ADN de la información seguirían funcionando perfectamente, desde un punto de vista simbólico, independientemente de que la transmisión de la señal sea analógica o digital [no hay algo más o menos espiritual en ello].

La entrevista al artista debe ser útil.
¿Qué información es posible considerar útil y cuál no?
Toda la información que permita llegar a identificar la identidad de la imagen es útil [la identidad está relacionada con la unidad y la finalidad].
Todo la información no relacionada con la identidad de la imagen es inútil [incluida aquella relacionada con la autenticidad].
Todo la información errónea no solo es inútil, sino peligrosa.

NOTA: Observe que he escrito la 'identidad de la imagen'. Ello implica la aplicación de los cambios necesarios en el soporte para que no haya cambios en la imagen.

¿Cuál es la identidad de *La imposibilidad física de la muerte en la mente de alguien vivo*?
Para Gagosian con que sea un tiburón de igual tamaño y aspecto vale [incluso que yazca en formol en lugar de en alcohol].
El tamaño se puede medir, e incluso pesar.
El aspecto es algo más subjetivo [la apariencia de los objetos a la vista].
No hay duda de que se trata del mismo problema que llevó a Danto a decretar el fin del arte: el problema de los indiscernibles [un problema de identidad];
aunque se trate de una identidad no determinada por el artista, sino por los conservadores-restauradores.

Dos tiburones son indiscernibles pero uno es arte y otro [de tamaño y aspecto similar] no [por ahora].
Dos tubos fluorescentes pueden ser iguales, pero uno es arte [lo certifica un documento] y el otro no [lo vendían en ferreterías].

NOTA: Observe que los tubos que produce y vende la Stephen Flavin/Artists Rights Society (ARS) puede que no sean exactamente del mismo tamaño, pero da lo mismo con que se parezcan lo suficiente.
Stephen Flavin es hijo de Dan Flavin y, por los derechos de propiedad intelectual heredados, puede permitirse cualquier licencia respecto a las obras de su padre.

La identidad está relacionada [como una misma cosa] con la unidad y la finalidad [ya lo he dicho antes; pero es importante]. La unidad es lo que determina qué es una cosa, cuáles son sus partes y cuáles son las relaciones entre sus partes [la finalidad suele explicar el por qué de estas relaciones] y cuáles son las relaciones de las partes con el todo.
También determina qué es esa cosa respecto a otras cosas.
La primera es objetiva, mientras la segunda es subjetiva.

Una cosa es algo que se diferencia de otras cosas; tiene un contorno respecto a lo que no le pertenece [el entorno, fondo] y también respecto a lo que la constituye [el dintorno, figura]. La imagen [superficie mediática] es, desde este punto de vista el contorno, lo que la limita hacia dentro y hacia fuera, lo que ocupa una parte en el mundo real [mundo de los sujetos] y en el mundo virtual [mundo de la mente de los sujetos].

Algunas partes de esa unidad funcionan como estructura [no se ven, permanecen ocultas a la vista]; otras funcionan como aspecto [se ven, permanecen al descubierto ante la vista].

NOTA: Aunque escriba 'vista', entiéndase en un sentido más abierto, como lo que se percibe o no a través de cualquiera de los sentidos y extensiones de los sentidos.

Las partes que funcionan como estructura son artefactos que se diseñan, eligen e interactúan para que la cosa [objeto de arte de nuevos medios] funcione [para que la imagen sea posible; y, en consecuencia, la contemplación].
Las partes que funcionan como aspecto son signos que se diseñan, eligen e interactúan para que la cosa signifique [para que el mensaje sea posible].
Aunque son partes de lo mismo, pertenecen a niveles ontológicos y mereológicos diferentes.

En resumen [muy breve] la identidad es lo que hace que una cosa sea esa cosa y no otra; depende de la unidad y la unidad depende de la finalidad.
Dos unidades idénticas [en aspecto] pueden tener diferente finalidad [como las cajas de Brillo de Warhol, los tubos de Flavin, los urinarios de Duchamp, etc. y sus respectivos indiscernibles] y, en consecuencia, diferente identidad.
Dos unidades idénticas [en aspecto] con la misma finalidad son [a todos los efectos; como cualquier obra de *net.art*] indiscernibles y, en consecuencia, comparten la misma identidad.
Son unidades cuya diferencia está en el *aquí*, no en el *ahora* [ubicuidad, simultaneidad] o en el *ahora*, no en el *aquí* [secuencialidad]; se trata de identidades cualitativas, no numéricas.

NOTA: Es responsabilidad del conservador-restaurador determinar la identidad de una obra de arte de nuevos medios.

El dintorno y el contorno constituyen una totalidad [unidad] respecto al resto del mundo [entorno].
La cosa, 'lo que es' desde dentro [intrínseca], constituye una totalidad atributiva; algo respecto a sí mismo.
La cosa, 'lo que es' desde fuera [extrínseca], constituye una totalidad distributiva; algo respecto a lo demás.
Cada uno de los cuadros rojos imaginarios de Danto conforman una totalidad atributiva, pero todos [en conjunto] constituyen una totalidad distributiva [de cuadros rojos] respecto al resto de cuadros.

Ambas totalidades influyen [o deben influir] en las decisiones de conservación-restauración ['lo que es' y 'lo que creemos que es'].
Salvador Muñoz Viñas llama a esta interrelación intersubjetividad.

Muñoz Viñas compiló magistralmente en su libro *Teoría Contemporánea de la Restauración* toda una serie de teorías y puntos de vistas [con cierta dispersión] en una teoría concienzuda y coherente que cuestiona y valora los presupuestos de la conservación-restauración para ese arte postmedial [fundamentalmente de 'viejos' medios] que no puede ser entendido como más que lo mismo [por mucho que se le haya llamado y se le siga llamando arte].
La intersujetividad apunta en lo fundamental a la totalidad distributiva del objeto [cosa u obra de arte, capa cultural].

Sin los sujetos [la desaparición del consumidor, receptor o interpretante del mensaje], las obras de arte pierden cualquier sentido y significado; de la misma manera que un cuadro rojo, en ausencia de luz, no es rojo, sino negro.

Cualquier documentación de una obra de arte debe centrarse en la esencia de su identidad [a diferencia de multitud de detalles colaterales e irrelevantes].
Cualquier documentación debe estar libre de interpretaciones e incoherencias [debe ser consistente y completa].
Cualquier documentación de la identidad debe rastrear toda esa madeja de relaciones entre las diferentes obras de un artista en busca de patrones, pautas, repeticiones [estilo].
La identidad está relacionada con estrategias similares de producir cosas diferentes.

Tunga produjo la obra *Ão* en 1981.
Ão es una video instalación basada en una película de 16mm [grabada por el propio artista] proyectada en bucle dentro de un túnel infinito mientras suena la música [también en bucle] de un fragmento de *Night and Day* cantado por Frank Sinatra. Esta es una obra de arte de 'viejos' medios, cuya única posibilidad de supervivencia está en la remediación.
Hoy día [2022], las copias de las cintas de película de 16mm son muy caras y solo se realizan por encargo en determinas casas comerciales [concentradas en escasos lugares del mundo].
Existen tres versiones de *Ão*; una pertenece al MoMA de Nueva York, otra al Instituto Inhotim y otra al Instituto Tunga.

Las tres proyecciones se parecen 'lo suficiente' [aunque no son idénticas], de manera tal que las tres instituciones dan por 'auténticas' cada una de sus versiones.

Las películas de exhibición son frágiles; se desgastan y rompen continuamente [quizá el motivo principal de las diferencias entre todas sea el nivel de deterioro].

En la obra de Tunga, en general, son recurrentes temas como duplicidad, repetición, simetría y contraste [ausencia-presencia, realidad-virtualidad, luz-sombra, materia-vacío, transparencia-opacidad].

$\bar{A}o$ no puede ser de otra manera.

La cinta [pegada en forma de anillo] sale del proyector y recorre un círculo a través de unos dispositivos con rodillos [12 rodillos] hasta regresar al proyector.

El bucle está pegado de manera tal que parece el viaje a través de un túnel infinito en el que no se puede entrar, ni salir; solo recorrer [recorrer una y otra vez, sin fin].

Parte de la identidad de *Ão* está en la disposición espacial de la obra.

Para que *Ão* sea un Tunga [después de Tunga], la cinta debe seguir un círculo [no un óvalo].

Algunos aspectos a tener en cuenta:

Diámetro del círculo y tolerancia; este parámetro está relacionado con la distancia del proyector al plano de la imagen proyectada [también con sus dimensiones].

Dimensiones de la sala y tolerancia [en su defecto relación entre las dimensiones de la obra y las dimensiones de la sala].

Nivel de oscuridad en la sala y tolerancia.

Nivel de calidad de la imagen y tolerancia; la calidad, por su complejidad debe ser desdoblada en un conjunto de parámetros como nitidez, entropía, etc.

Características del proyector de 16mm [marca, dimensiones, nivel de luminosidad, voltaje de alimentación, etc.].

Tiempo de exposición.

Etcétera, etcétera, etcétera.

NOTA: En términos de medida, la tolerancia es la diferencia entre las dimensiones máximas y mínimas de los errores permitidos [es un parámetro clave en la documentación].

La tolerancia es el rango de error permitido y puede ser absoluta o relativa [en relación a determinada referencia]. La tolerancia permite dimensionar en términos técnicos [a diferencia de términos profanos].

Como se puede apreciar, para especificar todos estos aspectos no es necesario [ni posible] una entrevista al artista. Existe documentación y archivo suficiente.

¿Cómo remediar *Ão* sin que pierda su identidad?

En un estudio realizado por el conservador-restaurador Humberto Farias de Carvalho Carvalho y el autor de este libro, se propuso la recreación [que no sustitución] de *Ão*. Para ello:

a) Es preciso digitalizar la película, restaurarla [si fuera necesario y se tuviera documentación de la película 'original'] y almacenarla en formato digital sin pérdidas con la máxima resolución actual [8K, por ejemplo, aunque debo destacar que incluso una resolución 'baja' sería adecuada para transcodificar la calidad de la película analógica].

b) Es preciso sustituir el interior del proyector analógico por un proyector digital con al menos la misma luminosidad, distancia focal, dimensiones de proyección, etc.

c) Es posible sustituir la película que se desplaza por los postes con rodillos por otra [incluso por una cinta de cualquier o ninguna película] del mismo tamaño, aunque de mayor flexibilidad y robustez.

NOTA: Observe que es preciso mantener el mecanismo de tracción de la película en el proyector.

d) No es preciso mantener la película con los fotogramas a proyectar [cualquier otro material sólido y robusto que simule la película original valdría].

e) Es posible añadir un módulo con un dispositivo fotosensor [en el interior del proyector] para detectar la posible rotura de la película sustituta e incluso añadir la capacidad de aviso de alerta [mensaje, email, etc.] al operario encargado de la instalación.

La obra de nuevos medios [remediada, recreada] conservaría la misma capacidad de simbolización [imagen], aunque dispondría de una tecnología cualitativamente diferente [soporte] antifrágil y evolutiva.

El envejecimiento tiene sus leyes [sus implacables leyes]. Todo envejece y no todo envejece igual, ni igual de bien. Hay cosas que tienen peor envejecimiento que otras. En el arte de los nuevos medios no hay excepciones. Hay cosas que envejecen mejor y otras que envejecen peor.

Las cosas que envejecen mejor dejan de funcionar un día; sin avisar. Las cosas que envejecen peor se degradan hasta provocar fallos intermitentes [avisos], que luego resultan continuos hasta alcanzar el colapso. Los tubos fluorescentes de Flavin son un buen ejemplo. Rara vez se apagan de golpe: empiezan por perder luminosidad, sobre todo en los extremos; a veces destellan con amagos de apagarse intermitentes; por último se apagan.

En las máquinas, el hardware puede sufrir fallos localizados [a diferencia de un tubo fluorescente, una máquina es un todo complejo compuesto por muchas partes que interactúan entre sí para que la máquina pueda replicar cualquier máquina]. Todas las partes no envejecen igual, ni por igual, ni igual de bien [todas las partes son diseñadas, producidas y ensambladas independientemente]. Por ejemplo, en un ordenador portátil [*laptop*] la batería suele ser, con diferencia, lo que más desgaste sufre.

El software no sufre desgaste [es información]; si acaso paga las consecuencias del desgaste del hardware donde 'corre' [*run*].

Los fallos de software suelen 'venir de fábrica' [desde el mismo momento de su 'liberación'] y también a causa de algún evento exótico [no planificado];

por ejemplo, la respuesta imprevista a una tecla [en realidad a cualquier evento] no tenida en cuenta.

En una conferencia, el catedrático de Historia del Arte y de Conservación de la Cultura Material [y presidente del Programa Interdepartamental de Conservación del Patrimonio Cultural de la UCLA/Getty] Glenn Wharton, presentó un ejemplo de una obra titulada *G*.

La obra consistía en un ordenador portátil de Apple, con el editor de texto Microsoft® Word abierto y una esfera de piedra colocada [con sumo cuidado] sobre la letra G.

La pantalla mostraba la repetición y desplazamiento [infinito en apariencia] de la letra G por toda la pantalla.

Suponemos que todo irá bien, pero no siempre irá bien.

Los recursos de memoria [blanda y dura] de cualquier ordenador, son limitados.

La persistencia de la tecla presionada lo llevará a colapsar si Word no está blindado contra este tipo de fallos [el desbordamiento de la memoria del ordenador].

Esto, propuesto de manera deliberada, puede ocurrir de manera no deliberada [por omisión o por descuido].

En general, las tasas de fallo de los ordenadores se miden y estudian [en entornos controlados] y se publican en términos estadísticos [los que la publican; algunos fabricantes consideran que este tipo de información es 'comprometida' y perjudicial para su imagen].

Los artefactos son sistemas.
Los sistemas están compuestos de subsistemas [partes] y estos de partes [quizá otros subsistemas].
Todos las partes [independientemente de la escala en la que se encuentren] tienen diferentes tasas de supervivencia o fallo.
Todos los subsistemas tienen diferentes tasas de supervivencia o fallo [dependiente del grado de interrelación y redundancia de sus partes].
El sistema [el todo de todos los todos] fallará por el eslabón más débil [tarde o temprano fallará por alguna parte].

NOTA: Es posible diseñar y producir sistemas robustos [piense de nuevo en todos los sistemas que gobiernan las misiones espaciales o las centrales nucleares].
Recuerde que:

a) un sistema puede tener una baja tasa de fallo y no estar exento de errores.

b) los sistemas [obras de arte de nuevos medios] están compuestos por componentes COTS.

c) la redundancia es la clave.

d) a los fabricantes esto no les conviene [les conviene que las cosas fallen y que el usuario necesite reemplazarlas por otras; que compre].

En 1911 se anunciaban bombillas con una duración certificada de 2500 horas. En 1924 los principales fabricantes, agrupados en el cártel Phoebus, pactaron limitar su vida útil a 1000. En lugar de producir productos longevos se les exigió a científicos e inventores que controlaran técnicamente la vida útil de sus productos a un período de tiempo 'regulado' por una compleja trama burocrática, que innovaran para concebir productos de peor calidad. En las décadas siguientes se patentaron docenas de nuevas bombillas, incluso una que duraba más de 100 000 horas, pero ninguna llegó a comercializarse; este es un claro ejemplo de innovación tecnológica en oposición a la sostenibilidad.

NOTA: Véase el documental *Comprar, Tirar, Comprar. La historia secreta de la obsolescencia programada*, dirigido por Cosima Dannoritzer.

En 1932, después de la caída de Wall Street y a causa de la recesión económica de EEUU, el prominente inversor inmobiliario Bernard London en su libro *The New Prosperity* propuso incluso que la obsolescencia planificada o programada se impusiera por ley para reactivar la economía.
El plan de London, descrito en el primer capítulo de *Ending the Depression through Planned Obsolescence*, es simple:

> Hay tanta riqueza en existencia, como en tiempo, pero la gente no la visualiza. La riqueza, como el bien, deben ser digeridos por los seres humanos para ser capaces de vivir, la función y la creación en otras palabras, para producir más riqueza. Si queremos adquirir nuevas riquezas, las líneas de provisión deben ser drenadas a fin de que los productos nuevos puede entrar. Si hay bienes que sobren en las líneas, la nueva oferta debe forzar la salida.

En 1932, la sostenibilidad era irrelevante; aunque los recursos fueran finitos. Desde la perspectiva de la abundancia es imposible pensar que los recursos del planeta son finitos.

La idea de London, de que todos los productos tuvieran una vida limitada con una fecha de caducidad después de la cual se considerarían legalmente muertos [los consumidores los devolverían a una agencia del gobierno para su destrucción], pasó inadvertida y la obsolescencia obligatoria nunca se puso en práctica directamente, aunque sí solapadamente... hasta que se impuso.

NOTA: Cualquier subsistema de un sistema [parte de un todo], puede ser obsolescente programado.
Cuando esto ocurre, el sistema [el todo] es obsolescente programado [por ejemplo, el módulo obsolescente contador de páginas de una impresora convierte en obsolescente a la impresora].

La obsolescencia produce la siguiente paradoja:
Se dispone de la capacidad tecnológica para fabricar productos duraderos a la vez que se genera la necesidad de adaptación al cambio permanente de las tecnologías.
La antifragilidad aprovecha ambas cosas: la capacidad para fabricar productor duraderos [durante la producción de la obra de arte de nuevos medios] y la necesidad de adaptación al cambio permanente de las tecnologías [durante la recreación, dotando a las obras de nuevos medios de la capacidad de cambiar sin perder su identidad];
también la posibilidad de fabricar productos sostenibles [de menor consumo y mayor respeto al medio ambiente].

La fabricación de productos duraderos es más cara; se puede fabricar cualquier cosa pero [en cantidades cercanas al prototipo] la producción puede resultar extremadamente cara.

La adaptación al cambio permanente de las tecnologías es menos cara; aunque requiere de al menos un revisión periódica y de la predicción, gestión y planificación de esta revisión.

Se debe invertir [gastar] en prever.

No es fácil 'falsar' [afirmar con plena certeza que algo es un error].

Taleb dijo:

> Falsar es demostrar que se está equivocado.

Nassim Nicholas Taleb es ensayista, estadístico matemático, ex operador de opciones, analista de riesgos y aforista cuya obra se refiere a problemas de aleatoriedad, probabilidad e incertidumbre.

NOTA: El Sunday Times calificó su libro de 2007 *El cisne negro* como uno de los 12 más influyentes desde la Segunda Guerra Mundial.

El soporte de una obra de arte de nuevos medios es como un juego LEGO.

Todas las piezas de un juego LEGO son integrables [se enganchan unas con otras porque las interfaces –las partes por donde se enganchan– son estándares y bien definidas].

Todas las piezas de un juego LEGO son flexibles [tienen cierta capacidad de variación –como color, forma y tamaño].

Todas las piezas de un juego LEGO son modulares [la combinación de unas partes con otras produce multitud de formas].

NOTA: La modularidad ayuda a prevenir la propagación de impactos; por eso es conveniente romper las estructuras grandes y reemplazaras por muchas estructuras pequeñas.

Todas las piezas de un juego LEGO son escalables [ofrecen cierta capacidad de construir objetos más grandes –incluso réplicas del mismo objeto– a partir de objetos más pequeños y la capacidad de construir objetos complejos a partir de objetos simples].

El hardware de los nuevos medios debe ser como un juego LEGO.

El software de los nuevos medios debe ser como un juego LEGO.

El netware de los nuevos medios debe ser como un juego LEGO.

Todos deben ser integrables, flexibles, modulares y escalables para proveer la capacidad de antifragilidad y evolutividad.

Se podría decir que un sistema es universal, si es integrable, flexible, modular y escalable.

Un sistema universal puede ser antifragil, evolutivo y sostenible.

La sostenibilidad se refiere aquí a una propiedad del soporte; es posible hacer sistemas que consuman menos, reduzcan [adquisición solo de lo necesario], reutilicen [devolución de la utilidad a los sistemas] y reciclen [devolución al proceso industrial de un sistema inservible].

NOTA: Es posible reusar un gran porcentaje de subsistemas de un sistema obsoleto e incluso 'exaptar'.

NOTA de la anterior NOTA: En biología, se conoce como exaptación a aquella estructura [subsistema] de un organismo [sistema] que evoluciona originalmente como un rasgo que provee adaptación a unas determinadas condiciones, y una vez que ya está consolidado [en general... pasado varios millones de años] comienza a ser utilizado y perfeccionado en pos de una nueva finalidad, en ocasiones no relacionada en absoluto con su propósito original.

Exaptar es, en este contexto, dar un uso a algo para lo que no estaba previsto.

Salvador Muñoz Viñas se refiere a la sostenibilidad [cuando habla de sostenibilidad] de la imagen.

La sostenibilidad se refiere, en ese caso, a evitar el sacrificio de todas las posibilidades semánticas, comunicativas, del objeto de arte en el futuro [a la conservación de la capa de signos].

Una conservación-restauración sostenible no puede sacrificar ninguna posibilidad semántica.

Los signos deben conservar todas sus interrelaciones.

La *Teoría del Restauro* [pensada para los medios tradicionales] da mayor importancia a la materia y la forma.

La *Teoría Contemporánea de la Restauración* [pensada para los viejos medios] da mayor importancia a la eficiencia [procesos] y a la finalidad.

La *Teoría de la Conservación Evolutiva* [pensada para los nuevos medios] pone la atención en la conservación-restauración de la imagen y propone una ponderación materia, forma, eficiencia y finalidad según los riesgos para conservación de la identidad de la imagen.

Las Teorías de la Restauración no funcionan como departamentos estancos porque la conservación-restauración es inmanente al objeto de arte y la producción de estos objetos abarca todos los medios [tradicionales, viejos y nuevos].
En cualquier caso, las teorías no pueden ser tomadas como dogmas, sino más bien como propuestas abiertas.

En los nuevos medios:

a) La reversibilidad [en la mayoría de los casos] no es posible.

b) La materialidad del soporte es accesoria. La materialidad de la imagen no [cuando no es inmaterial].

c) La unidad es imprescindible [como totalidad atributiva y también como totalidad distributiva].

d) La objetividad es cuestionable [es preciso diferenciar hechos de opiniones].
   Los estudios de conservación-restauración pueden, y deben, aplicar técnicas de análisis científicas.
   Las decisiones de conservación-restauración no son científicas, son subjetivas [pese a los análisis científicos].

e) La intersujetividad es importante [no solo por la no objetividad de las decisiones, sino también por la determinación de la totalidad distributiva de la unidad].

f) La sostenibilidad es posible [tanto para el soporte como para la imagen].

g) La autenticidad [en la mayoría de los casos] está sobrevalorada.

La autenticidad se basa en la noción de verdad.
No existe una verdad más verdadera que otra.
NOTA: Tenga en cuenta que lo falso es auténticamente falso.

h) La conservación-restauración de la identidad de la imagen [se maximiza la desvinculación soporte-imagen, que funcionan como estructura-aspecto] es fundamental.

i) Cada objeto de conservación-restauración es un caso de estudio que puede tanto reutilizar herramientas y procesos conocidos como demandar nuevas herramientas y procesos hasta entonces desconocidos [generar conocimiento].

j) Es preciso predecir, planificar y gestionar el cambio.

k) El cambio es ineludible.

El certificado de autenticidad propio de los nuevos medios es el NFT [*Non-Fungible Token*].

Un NFT [*token* no fungible] es un tipo de activo digital basado en tecnología *blockchain* que acredita la propiedad y procedencia de un bien; ya sea virtual o físico;
por ello son considerados criptoactivos coleccionables únicos. La tecnología *blockchain*, que se podría traducir como 'cadena de bloques' permite la transferencia de datos digitales de forma codificada y descentralizada por lo que resultan incuestionables y esto le asigna absoluta seguridad.

Una cadena de bloques impide que la información con la que trasiega se duplique o piratee.

Una cadena de bloques permite que dos indiscernibles no lo sean; que algo copiable idénticamente, no sea lo mismo que el 'original'; que algo múltiple sea tratado como único y singular. Los NFT generan [permiten generar] artificialmente... escasez.

La información de una cadena de bloques se comparte a través de una red como una base de datos que no se puede corromper en un lugar porque está distribuida en varios lugares. No existe una 'versión maestra' central de una base de datos, ni la información está controlada por un único propietario o software.

En su lugar, el control de la información se comparte entre los colaboradores, lo que constituye un cambio revolucionario respecto a la distribución de la información en el pasado.

Un NFT simplemente es un registro en un *blockchain*, un *token* criptográfico conectado a un activo digital para preservar los derechos de propiedad.

Que un activo NFT sea no fungible significa que no puede ser reemplazado o replicado por otro artículo idéntico; es decir, que es único y original en su forma y por lo tanto se le atribuye determinada autenticidad.

Por esta razón, cuando se asigna un NFT [a través de un contrato inteligente] a un activo convencional o a una propiedad digital, se crea un *token* único en la cadena de bloques con sus respectivos metadatos y detalles asociados; lo que permite que el *token* represente el activo respectivo en formato digital.

NOTA: Esto significa que cualquier persona que haya creado o comprado un NFT de un artículo en particular tiene pleno derecho sobre el activo asociado.

Este reclamo de propiedad se aplica ya sea si el activo existe en forma digital o en una propiedad tangible; es decir, los NFT no solo pueden estar asociados a cosas intangibles, sino también a cosas tangibles, a cosas únicas o a una colección de cosas [artículos] y viceversa; una única cosa puede tener varios NFT atribuidos, en este caso, cada uno comparte una fracción de su valor y de su propiedad.

Prácticamente, cualquier cosa única en su forma, es susceptible de convertirse en un NFT y de conservar su estado en la cadena de bloques.

a) Es seguro; gracias a la tecnología *blockchain*. Un NFT se registra mediante un contrato inteligente que les asigna un número único y esto proporciona tranquilidad a su propietario frente a posibles réplicas y, más importante aún, trazabilidad.

b) Es único y original en su forma; por lo que se le atribuye determinada identidad y autenticidad.

c) Es una representación del activo real y de su propiedad. No puede consumirse, ni sustituirse.

Estos son, por lo tanto, los elementos más destacables de un NFT: seguridad, trazabilidad, identidad y propiedad.

Benyamin Ahmed, un niño de 12 años, creó *Weird Whales*, una colección de 3350 ballenas estilo *pixel art* de distintos colores.

Cada una de estas ballenas es única [como todo NFT].

La colección completa se vendió en apenas 9 horas desde su lanzamiento por 400 000$.

La venta de la colección completa le reportó 80 ether a Ahmed, a los que más tarde sumó 30 gracias al mercado de reventa de cada NFT, que le aseguraron 2.5 %;

y, como Benyamin no cambió los ether conseguidos a dólares, sino que los mantuvo en su billetera, el aumento de precio de la moneda electrónica le trajo aún más dividendos.

A finales de sus vacaciones de verano, los 110 ether del joven equivalían a 400 000$ dólares aproximadamente, un valor muy por encima de los 300$ dólares que le costó desarrollar el proyecto completo.

Ahmed confesó a CNBC que cada persona que compra una tarjeta de estas ballenas lo ayuda a asegurar su futuro.

NOTA: Muchos artistas han tomado nota al respecto.
En noviembre de 2022 se desplomó el precio de Bitcoin y Ethereum [la burbuja de las criptomonedas pinchó].
Los NTFs y las criptomonedas utilizan la misma tecnología, pero no son lo mismo.

Esto es posible por un par de tres elementos:

Primero:
Unicidad, originalidad y autenticidad.
Como cada NFT es único; lo que 'garantiza' unicidad, originalidad y cierta autenticidad [aura virtual].

NOTA: Cualquiera puede tener una ballena que no es una ballena; es decir, una representación *pixel art* de una ballena, pero como el NFT convierte este activo en único, solo la ballena que no es ballena es 'original' y 'única'.

La característica, quizá principal, de las obras de arte de los nuevos medios, es su reproductibilidad teóricamente ilimitada con idéntica calidad; pero lo que resulta 'revolucionario' de los NFT, es la posibilidad de transformar, por primera vez en la historia, obras de arte de nuevos medios con reproducibilidad, teóricamente ilimitada, en obras de arte de nuevos medios [activos digitales] únicos y, por lo tanto, coleccionables.

Segundo:
Fiabilidad, inmutabilidad y permanencia.
Gracias a la trazabilidad, cualquier operación de compra-venta posterior genera ingresos a toda la cadena de propietarios.

El creador de un NFT puede determinar la escasez de ese activo digital [esa es la propiedad principal de un NFT], ganar regalías cada vez que se vende el NFT y puede venderlo en cualquier mercado NFT o *peer-to-peer* [no está limitado a participar en una única plataforma y no necesita de ninguna persona para intermediar].

¿Por qué esta ballena que no es una ballena, ni arte [de momento], puede ser peligrosa para el sistema del arte?
Porque el NFT elimina los intermediarios y descentraliza los procesos, por lo que permite la participación de todas las personas que estén interesadas; es decir, democratiza el sistema de transacciones.

Las ventajas significativas que ofrecen los NFT están integradas en su código lo que garantiza la inmutabilidad de los derechos de propiedad y su total transparencia.
De esta manera, los creadores pueden tener la seguridad de que los derechos de propiedad [que no autenticidad] de su contenido están seguros.
Y, por su parte, los propietarios pueden disfrutar de su tranquilidad; saben que poseen una obra de arte realmente única [aunque no sea única].

NOTA: El ítem [obra de arte única] puede estar en Internet libre de acceso a su contemplación; de acceso restringido a su mercantilización [lo puedo contemplar, pero no puedo negociar con él].

El dueño de un NFT tiene todos los derechos, pero a diferencia de una obra de arte [que puede permanecer en un almacén sin que nadie la admire un tiempo indefinido] esta representación digital podría seguir reproduciéndose en Internet y mutando según las necesidades de los usuarios.

El dueño de un NFT tiene el título de que su *token* fue el primero y el original.

Los museos, por lo tanto, pueden utilizar NFT para hacer seguimiento [y protección] de los objetos patrimoniales.

Un equipo de investigación de la Universidad de Tsinghua [China], por ejemplo, está desarrollando un proceso que utiliza *blockchain* para almacenar y compartir versiones digitales de objetos culturales [2D y 3D].

Después de digitalizar los artefactos culturales mediante modelado 3D, el sistema debería ser capaz de almacenar los datos asociados en una cadena de bloques privada para establecer un registro seguro que proporcione seguridad privada a la vez que visibilidad pública.

En el momento de la adquisición de un NFT, el *blockchain*, tecnología susceptible de ser considerada como un libro digital de registros de operaciones [entradas y salidas], garantiza que se compra un objeto único y permite revisar la cadena de cambio que ha existido antes de la adquisición y rastrear hasta llegar al creador original.

Debido a la forma en que opera el *blockchain* es prácticamente imposible alterar los registros.

Un NFT es seguro y difícil de hackear para realizar fraudes.

No es posible modificar [ni revisar] un NFT una vez creado. Cualquier cambio puede considerarse un *token* completamente diferente y nuevo, sin importar la similitud.

Para proteger los NFT y otros activos digitales, la industria de seguros está desarrollando nuevas formas de cobertura adaptadas específicamente a los riesgos asociados con las NFT.

NOTA: Un NFT es seguro, no infalible.

Los estafadores se adaptan a los cambios tecnológicos y crean versiones actualizadas de viejos trucos.

Este es un peligro serio en el complejo mundo de los derechos de autor [el complejo mundo de los derechos de autor es cada vez más complejo].

Los estafadores copian colecciones e intentan vender NFT falsos. La mejor recomendación para evitar falsificaciones es ceñirse a sitios legítimos como OpenSea NFT Marketplace.

A pesar de esto, los estafadores se hacen pasar por personal de apoyo en OpenSea y Metamask, un sitio de criptomonedas, o contactan a los usuarios en las plataformas de redes sociales Twitter y Discord.

Quieren que las personas proporcionen contraseñas [lo de siempre] o envíen enlaces a sitios web falsos de atención al cliente [más de lo mismo].

NOTA: Si no está absolutamente seguro de quién le pide su contraseña, no la facilite [nunca]. Los problemas de falsificación de NFT están en la compra, no en la venta u otros servicios como puede ser un préstamo.

OpenSea y Metamask, Twitter y Discord, pueden desaparecer [antes o después... desaparecerán; no lo olvide].

¿Tienen algún valor los NFT para la conservación-restauración de arte de nuevos medios?

¿Tienen algún valor los NFT para la conservación-restauración de arte de viejos medios?

¿Tienen algún valor los NFT para la conservación-restauración de arte de medios tradicionales?

La respuesta es… sí [a todas las preguntas].

La conservación-restauración de obras de arte, en general, y de obras de arte de nuevos medios, en particular, repito: es un problema de conservación-restauración de la identidad de la obra de arte [de la identidad de la imagen de la obra de arte]; aquello que determina qué es un objeto y por qué no es otro objeto o cuándo deja de serlo.

De una manera u otra, esta identidad es, o deber ser, recogida en un documento [debe ser documentada].

Parte de la identidad es autocontenida o dependiente del objeto en sí [lo que aquí he considerado como totalidad atributiva]; es decir, corresponde a aquellos atributos y procesos que determinan qué es.

La otra parte de la identidad es proyectada por el sujeto o independiente del objeto en sí [lo que aquí he considerado como totalidad distributiva], no es 'en sí', sino 'para sí'; de hecho, se conserva-restaura para los sujetos, no para los objetos [una idea magnífica de Salvador Muñoz Viñas].

Los NFT son ideales para la protección de documentos o conjunto de documentos [sean digitales o no]; de ahí su utilidad.

Estos documentos pueden establecer no solo la identidad del objeto, sino también los procesos aplicables o no al objeto en todos los ámbitos de la obra; en tránsito, almacenada o expuesta y también de su preservación [contexto] y, por supuesto, de su conservación-restauración.

Estos documentos pueden conservar su propiedad e identidad y pueden ser compartidos con seguridad y trazabilidad.

NOTA: tenga en cuenta que la documentación de los objetos culturales es la base sobre la que se apoyan todas las actividades de un archivo: conservación-restauración, educación, investigación y también la financiación de estas actividades.

Los documentados de inventario que manejan los sistemas de registro y gestión de colecciones, que utilizan bases de datos relacionales, son de hecho vulnerables a la pérdida y falsificación de datos.

Algunas instituciones han decidido utilizar GitHub como archivo a prueba de manipulaciones a largo plazo para los metadatos de sus colecciones: el Museo de Arte del Williams College [WCMA], la Tate, el Museo de Arte Moderno [MoMA], el Instituto de Arte de Minneapolis, el Museo de Arte Carnegie, el Museo de Diseño Cooper Hewitt Smithsonian, el Museo Metropolitano de Arte, etc.

Todos estos archivos de GitHub se han conservado en la Arctic Code Vault, una instalación de archivo de muy larga duración situada a 250 metros bajo el permafrost del Ártico, para que su conservación sea lo más segura posible.

Desafortunadamente, no hay una forma fácil de acceder a estos datos para el ciudadano medio que no sea un *geek*.

Estos archivos son [por desgracia] muy a menudo incompletos; incluso cuando la base de datos de la colección se hace pública, los datos del objeto en cuestión no siempre están vinculados a su imagen.

Un ejemplo llamativo es la base de datos del Museo Francés sobre JOCONDE, que es accesible en un formato reutilizable [CSV, JSON, XML], pero cuyas otras instancias digitales de documentación [imágenes de baja y alta resolución] se distribuyen por separado en el sitio web de cada museo.

¿Serviría de ayuda el NFT?

El uso de certificados de inventario NFT permitiría compartir con facilidad los datos públicos de sus colecciones.

El inventario se convertiría en un proceso más transparente y abierto al público.

Sería posible acceder a diversa información adicional sobre un objeto de la colección pública:

¿Cuándo fue adquirido?

¿Cómo se documenta el objeto y dónde se hace referencia a él?

¿Cuáles son los procesos de conservación-restauración a los que ha sido expuesto?

¿Cuáles son las condiciones de preservación?

Etcétera, etcétera, [un largo] etcétera.

Cualquier trabajo de conservación-restauración, préstamo o empréstito quedaría registrado en el historial de la cadena de bloques NFT.

Nadie podría cambiar los datos críticos del objeto, como la identificación de la obra, las imágenes o los metadatos.

NOTA: En caso de fraude o robo, el estado del objeto robado podría ser comunicado rápidamente a nivel mundial.

En el arte producido con medios tradicionales [pintura, escultura, grabado, etc.] el objeto [como ya se ha dicho antes] es autógrafo [más o menos autógrafo]; de por sí cada objeto es único [o múltiple en ediciones limitadas].

Esta imagen muestra [a la izquierda] una fotografía en luz visible de un icono de Pedro el Apóstol;

A su lado, una ortofoto.

NOTA: Una ortofoto es una imagen digital en la que todos los elementos están en la misma escala, libre de errores y deformaciones que el plano del mundo real que captura.

La tercera imagen corresponde a la banda 1 del Factor de Autocorrelación Máximo [MAF, Maximum Autocorrelation Factor]; una transformación de los componentes de Detección de Alteración Multivariable [MAD, Multivariate Alteration Detection] donde se puede observar que existen cuatro zonas que se están limpiando.

La última imagen muestra las tres primeras bandas [RGB] de la MAD.

Muchos de los estudios de conservación-restauración se basan en imágenes que corresponden a diferentes bandas de luz, o de fuentes de luz [como son la fluorescencia] y también en modelos 3D, que facilitan, por ejemplo, la anastilosis virtual. Estos documentos pueden contener imágenes, conjunto de imágenes, modelos virtuales, etc.; por lo que, en realidad se trata de conjunto de documentos.

Otros aspectos que pueden ser de interés en estos documentos son:

a) Condiciones de preservación, exhibición, transporte.

b) Histórico de Restauración.

c) Condiciones y prohibiciones de uso.

En el arte de los viejos medios, la procesualidad es una constante [y una de las grandes innovaciones del arte contemporáneo]. La introducción del tiempo en el arte [arte basado en el tiempo]: lo alógrafo, lo efímero, la performance, etc., exige, de hecho, de un proceso de documentación que funcione como un sistema de notación que garantice la identidad [abstracta] de la obra. Gran parte de las obras de arte de los viejos medios es, en este sentido, documento.

La obra está condenada a repetirse [versionarse] para existir [una y otra vez, como objeto de arte].

La obra está condenada a mutar, a cambiar [de vez en cuando, como artefacto].

¿Cuál puede ser el contenido de este conjunto de documentos?

a) Identidad [objeto, sujeto (contexto)]; esencial cuando más que de producción, se trata de reproducción.

b) Protocolos.

c) Históricos de Restauración.

El NFT [parece evidente] parece un candidato ideal [aunque no lo es] para convertirse en el nuevo certificado de autenticación [solo certifica autoría…por ahora] de las obras de nuevos medios; en particular, la autoría de aquellas obras donde más que el original, existe la copia, porque todas las copias son idénticas al 'original'.

Se podría decir que el original no es más que otra copia.

Los medios digitales intangibles como la imagen, el video, la música, etc., comparten el mismo medio de los NFT.

¿Cuál puede ser el contenido de este conjunto de documentos?

a) Identidad [objeto, sujeto (contexto)]; esencial cuando más que de producción, se trata de reproducción.

b) Protocolos.

c) Históricos de Restauración.

d) Versiones.

El 'problema' de estos metadatos es su 'peso'.

Una pirámide de imágenes [gigapíxel], por ejemplo, puede 'pesar' varios terabytes [cada imagen puede 'pesar' varios gigabytes].

NOTA: Un terabyte equivale a 10^{12} bytes.

Un gigabyte equivale a 10^9 bytes.

Un megabyte equivale a 10^6 bytes.

Un kilobyte equivale a 10^3 bytes [también a 1024 bytes].

Un byte está compuesto por 8 bits.

Puede optar por alguna de estas dos opciones:

La primera opción es usar Metadata *on-chain* [dentro de la cadena].

Los beneficios de representar metadatos *on-chain* son:

residen permanentemente con el *token*, persiste más allá del ciclo de vida de cualquier aplicación dada,

puede cambiar de acuerdo con la lógica en cadena.

Lo primero es muy importante si se pretende que los activos tengan un valor duradero mucho más allá de su creación original [como es el caso del Patrimonio Cultural].

NOTA: Se espera que un objeto cultural persista a lo largo de los siglos, independientemente de si el sitio web original que se utilizó para crear el objeto documental exista o no.

La segunda opción es usar Metadata *off-chain* [fuera de la cadena].

A pesar de estos beneficios, la mayoría de los proyectos almacenan sus metadatos fuera de la cadena simplemente debido a las limitaciones de almacenamiento actuales de la cadena de bloques [solución al 'problema' del peso].

El estándar ERC-721 incluye un método llamado *token* URI que los desarrolladores pueden implementar para indicar a las aplicaciones dónde encontrar los metadatos para un elemento determinado.

Los NFT también parecen estar llamados a jugar un papel clave en el denominado metaverso.

El metaverso podría convertirse en ese escenario virtual para determinados ámbitos de nuestra vida en paralelo a nuestra realidad física donde sin duda, el arte de los nuevos medios convive con naturalidad.

Todo lo que existe en el mundo real está siendo replicado en el mundo virtual, en el metaverso.

En el mundo real es posible comprar una pieza única original firmada y autenticada en una galería, llevarla a casa y disfrutarla.

En el mundo virtual es posible experimentar lo mismo en galerías virtuales, con arte digital [fundamentalmente imágenes, vídeos, etc.].

En marzo de 2021, la mayor casa de subastas Christie's, vendió una obra puramente digital del artista llamado Beeple por 69 millones de dólares en criptomonedas.

La subasta, la obra y la moneda eran virtuales, pero la transacción fue real.

Este cambio de paradigma en el mundo de la creación de contenidos no puede ser ajena a la conservación-restauración debido a su inminencia respecto al objeto de arte, independientemente de su naturaleza real o virtual.

NOTA: Internet en el metaverso no será, como ha sido hasta ahora, una copiadora gigantesca.

Los archivos son también generadores de contenidos, contenidos científicos y artísticos valiosos para la conservación-restauración del patrimonio [virtual y real].

NOTA: A fecha de noviembre de 2022 ningún país ha regulado aún de manera específica los NFT.

La UE lanzó en septiembre de 2020 una propuesta legislativa integral sobre criptoactivos [MiCA]; sin embargo, los NFT parecen estar excluidos de su ámbito de aplicación.

Por ello, se ha de aplicar la legislación existente en cada Estado [sobre todo en el ámbito de la propiedad intelectual].

Se podría decir que el NFT aporta el 'peso' del que carecen las obras de arte inmateriales.

Salvatore Garau podría haber vendido *Io sono* con un NFT [era lo suyo], pero optó por un certificado de autenticidad al uso.

NOTA: Los certificados de autenticidad al uso no son más auténticos que un NFT [o cualquier otro tipo de certificado], pero sí más frágiles [más fáciles de falsificar].

Dall-e 2 es un nuevo sistema de inteligencia artificial [IA] que puede crear imágenes y arte realistas a partir de una descripción en lenguaje natural.

DeepAI [https://deepai.org/art] es un aplicación alternativa a Dall-e de código abierto que permite generar imágenes a partir de texto.

NOTA: Se suele llamar cripto arte a las obras de arte de nuevos medios certificadas NFT, pero el cripto arte es solo una nueva forma de coleccionar obras de arte, no una nueva categoría de arte.

Estas aplicaciones son tan simples de usar y las imágenes que a veces genera tan sugerentes que [sumado a lo fácil que es asignarle un NFT a cada imagen y venderla como una obra de arte de nuevos medios] se ha puesto de moda.

Mucha gente se ha venido arriba y se ha animado a ser artista sobrecumpliendo la máxima aspiración de Warhol.

Warhol quería ser una máquina, producir obras de arte mecánicas desprovistas de cualquier rastro humano;

una máquina de producción de imágenes mediáticas que se convertían en objetos dispuestos a ser consumidos.

La máquina ha llegado [con diferentes nombres] y una misma base tecnológica [la inteligencia artificial, IA].

Por ejemplo, al texto 'immaterial sculpture in honor of Salvatore Garau', DeepAI generó una par de bustos con cara de pocos amigos sobre un fondo gris.

NOTA: La muestro aquí solo a modo de ejemplo; no considero que esta *Immaterial sculpture in honor of Salvatore Garau* sea una obra de arte de nuevos medios;

mucho menos de mi autoría [auténtica es].

No he aportado ninguna idea acerca de la imagen [librándola de cualquier intencionalidad]; solo un concepto en forma de texto [un simple texto].

Se podría decir que esta *Immaterial sculpture in honor of Salvatore Garau* es una imagen encontrada.

NOTA: Cada vez que DeepAI recibe la orden *Submit*, genera una imagen diferente [aún a partir del mismo texto].

NOTA: El ordenador no es un lienzo, ni un pincel, etcétera; es un remediador [un remediador por excelencia] de estos y de otros medios.

El ordenador es un metamedio.

NOTA de la NOTA: McLuhan utilizó el término metamedia en referencia a las nuevas relaciones entre la forma y el contenido en el desarrollo de tecnologías y los nuevos medios de comunicación.

Un metamedio es un medio compuesto por otros medios con contenidos ya existentes.

Observe que los medios actúan tanto a nivel de soporte, como a nivel de imagen.

La IA, en este contexto, es un soporte, funciona como estructura; mientras que la imagen digital funciona como aspecto.

El soporte de los nuevos medios es siempre digital.

La imagen de los nuevos medios no es siempre digital

NOTA [MUY IMPORTANTE]: Generar imágenes con programas de inteligencia artificial, dotarlas de un certificado NFT y ponerlas en ventas no ofrece ninguna garantía de éxito [ni económico, ni artístico].

Benyamin Ahmed tuvo mucha suerte con sus ballenas [que produjo él, no una IA] y, es preciso decirlo, las vendió en un ámbito muy distinto al de los circuitos del arte.

Mike Winkelmann [Beeple] vendió en una subasta de Christie's una imagen digital [jpg] compuesta por 5000 imágenes digitales [realizadas durante 5000 días] en NFT; se pagó en la criptomoneda Ethereum con un valor de 69 millones de dólares [naturalmente se trató de un comprador anónimo].

NOTA: Una imagen digital de autor no significa, en sí misma, absolutamente nada [en instagram se suben 70 millones de imágenes de autor cada día].

Un archivo digital único no significa, en sí mismo, absolutamente nada [solo el uso que se le dé al archivo cambia su sentido: la intencionalidad].

Un archivo digital único no es ni siquiera único [cuando alguien lo ve a través de Internet, es porque el navegador lo ha copiado en su máquina; sin el consentimiento de quien lo creó, ni de quien lo ve].

Muchos consideran arte generativo lo que hacen programas como DeepAI o Dall-e; le otorgan el estatus de creatividad computacional.

Muchos otros no consideran arte generativo este tipo de generaciones porque no involucran proceso de producción alguno.

Respecto a la creatividad computacional, algunos recurren al test de Turing, de 1950, para calcular el valor de los artefactos producidos por su software.

Si un número determinado de personas no es capaz de determinar cuáles de los artefactos han sido generados por un ordenador y cuáles por un ser humano, entonces el software funciona; se trata de una creación computacional.

Otros creen que el test de Turing no es adecuado para el software creativo.

Para estos últimos el proceso de producción también cuenta, no solo el resultado.

NOTA: Turing diseñó el test para evaluar máquinas, no personas [sino la reacción de las personas].

Si un sistema puede crear automáticamente nuevas obras de nuevos medios y las personas no pueden distinguir la diferencia entre esas obras y otras creadas por humanos, entonces la máquina pasa la prueba de Turing.

La máquina pasa por ser artista [para algunos].

NOTA: Recuerde que las personas aún no pueden distinguir la diferencia entre lo que es arte y lo que no.

Ni siquiera los expertos coinciden plenamente en esto.

En el año 2000, el artista Eduardo Kac creó un conejo verde fluorescente para la obra [de arte transgénico] que tituló *GFP Bunny*.

NOTA: GFP corresponde a Green Fluorescent Protein (Proteína Verde Fluorescente).

¿Por qué *GFP Bunny* es una obra de arte de nuevos medios? Porque parte de la estructura para crear *GFP Bunny* es digital. El medio para crear la obra [no la obra en sí] es digital.

NOTA: *GFP Bunny* es un ser vivo claramente obsolescente. Solo es posible conservar la obra mediante la reproducción [generación de réplicas].

GFP Bunny, en este sentido, es una obra de arte alógrafa cuyas instrucciones determinan el proceso de creación.

NOTA: El nombre de *GFP Bunny* es Alba.

Su particularidad formal y genética, en palabras del propio Kac, es tan solo uno de los componentes del trabajo artístico *GFP Bunny*.

Alba, la conejita verde fluorescente, es un conejo albino; no tiene ninguna pigmentación en su piel, bajo condiciones ambientales normales es totalmente blanca con ojos rosados.

Alba no es verde todo el tiempo; resplandece intensamente solamente cuando está iluminada con luz azul [con una excitación máxima de 488nm]; resplandece con luz verde intenso [con una emisión máxima de 509nm].

Fue creada con EGFP, una versión mejorada [una mutación sintetizada] del gen original verde fluorescente de tipo salvaje encontrado en las medusas Aequorea Victoria.

EGFP produce una fluorescencia dos veces mayor en las células de los mamíferos [incluyendo células humanas] que el gen original de las medusas.

Eduardo Kac es un artista transgénico, no interesado en la creación de objetos genéticos, sino en la invención de sujetos sociales transgénicos [eso ha dicho].

En otros libros me he referido a la obra de arte de nuevos medios como objeto [objeto de conservación-restauración] y también como 'cosa'. Está claro, cualquier cosa es una cosa, pero la obra de arte de nuevos medios no es una cosa cualquiera. Internet de las cosas [IoT, Internet of Things] es el término por el cual se conoce cierta manera de hacer las cosas [técnicas y métodos] para conectar [cosas] objetos físicos con sensores y actuadores, con capacidad de procesamiento; software y otras tecnologías que se conectan e intercambian datos con otros dispositivos y sistemas a través de Internet u otras redes de comunicación. Es decir, se trata de sistemas donde los nodos son las 'cosas' [complejo hardware-software] y los enlaces o vínculos entre los nodos [netware] son tecnologías de intercambio de información entre las 'cosas'.

¿Por qué le llaman 'cosas'?

Supongo que porque cualquier cosa es una cosa [y se trata de la interacción de cualquier cosa con cualquier otra cosa].

En IoT, se sobreentiende que cada cosa es pequeña, potente, inteligente [con cierta capacidad de procesamiento y decisión], barata, comunicada, heterogénea, específica y que el poder del sistema está precisamente en la distribución y también [si se desea, dado el coste] en la redundancia.

IoT es una filosofía de hacer lo mismo [grandes sistemas] con 'cosas' integrables, flexibles, modulares, escalables, etc.

IoT es una tecnología LEGO donde las cosas son como las piezas del LEGO [solo que 'enchufables'].

NOTA: Por sistema inteligente se entienden sistemas tecnológicos inteligentes incompletos [se supone que los sistemas biológicos inteligentes son completos].

El arte de los nuevos medios, por lo tanto, podría ser arte de las cosas [y digo 'podría' y no 'es', porque para 'serlo' tendría que ser integrable, flexible, modular, escalable, etc., y todos los nuevos medios no lo son, *per se*].

Para la conservación-restauración del arte de los nuevos medios, es deseable recrear [convertir, si no fuera producida] la obra de nuevos medios en una obra de las cosas.

NOTA [MUY IMPORTANTE]: Esto solo atañe al soporte, no a la imagen.

La imagen no puede cambiar [no sería sostenible].

McLuhan dijo que el ordenador sería una extensión del sistema nervioso central humano.

En términos de McLuhan, IoT sería una especie de sistema nervioso mundial [global].

NOTA: Las cosas han superado todas las expectativas para las que fueron desarrolladas;

se han independizado de los gobiernos, de las ideologías, de los sexos y de las razas, para estar al servicio de todos.

Si todo el hardware y el software actual [también el netware] quedara obsoleto, podríamos entrar en lo que Vinton Cerf llamó 'la era oscura digital'.

Cerf dijo:

> Nuestra vida, nuestros recuerdos, las fotografías familiares más preciadas son en la mayoría de los casos unos cuantos bits de información almacenados en nuestras computadoras o en 'la nube', los servidores permanentes de Internet que permiten guardar información. Pero como la tecnología avanza sin parar, existe el riesgo de que todos esos datos se pierdan en los márgenes de la revolución digital.

Todos hemos sentido alguna vez ese 'peligro' del que alerta Cerf [con mayor o menor estremecimiento].

Picasa, por ejemplo, fue una aplicación informática para edición de imágenes y una herramienta web para organizar, visualizar, editar y compartir fotografías digitales creada por la compañía Lifescape en 2002.

En julio de 2004, Google adquirió la licencia y propiedad de Picasa, y comenzó a ofrecerla con licencia gratuita [*freeware*].

El 14 de febrero de 2016, Google anunció que Picasa dejaría de existir para centrarse más en Google Fotos.

Las compañías se venden y compran entre ellas.

Cuando una compañía es absorbida por otra, todos sus productos corren el riesgo de desaparecer [el grado de obsolescencia se dispara].

Cerf dijo:

> En cierta medida, ya lo estamos viviendo. Ya no podemos abrir los documentos o presentaciones creados en formatos viejos con la versión más reciente de nuestro software, porque la compatibilidad con sistemas y aplicaciones anticuados no está garantizada. Y lo que puede ocurrir con el tiempo es que, aunque acumulemos vastos archivos digitales, terminemos por no saber qué contienen.

NOTA: Cuando una compañía le ofrece un servicio gratuito, el producto es usted [toda la información que le proporciona, para ser exactos].

Vint Cerf es considerado, conjuntamente con Tim Berners-Lee, Larry Roberts y Robert Kahn, como uno de los 'padres' de Internet.

La noticia de Cerf, no es noticia; pero, por si acaso, Cerf aportó una solución al problema de 'la era oscura digital.'

Su idea consiste en preservar cada pieza de software y hardware producida, de la misma manera que hacen los museos con las obras de arte, para que nunca se vuelvan obsoletos.

Cerf propone guardarlos de forma digital, en servidores en nube [servidores virtuales que corren en un entorno informático al que se accede a través de Internet].

Si su idea funciona, nuestros recuerdos serán accesibles para las generaciones futuras. Cerf dijo:

> La solución es retratar con rayos X el contenido, la aplicación y el sistema operativo, y guardarlo todo junto a la descripción de la máquina en la que se ejecutan. Esa especie de fotografía digital recreará el pasado en el futuro.
> [...] La clave aquí es que, cuando mueves los bits de un sitio otro, aún sabrás cómo desembalarlos para interpretar las diferentes partes correctamente. Esto será posible si estandarizamos las descripciones.

Ese es el asunto central: "cómo asegurar que en un futuro lejano estos estándares se sigan conociendo y que se pueda interpretar las 'fotografías de rayos X' construidas con cuidado".

NOTA: Muy pocas compañías han durado más de 100 años.

La solución de Cerf está muy relacionada con el concepto de 'máquina virtual'. Una 'máquina virtual' recrea el pasado en el presente [lo viejo en lo nuevo];

parece que convierte la máquina nueva en una máquina vieja; pero solo es un truco: una capa software que traduce de un código de una máquina a un código de otra máquina [emula el hardware vía software; también el software].

La virtualización 'monta' un sistema operativo dentro de otro [sobre otro]; es decir, instala un software en otro.

Algo parecido a las muñecas matrioskas.

La emulación simula [en un hardware específico] el funcionamiento de un software, sistema operativo o plataforma.

La diferencia fundamental entre ambas es que la virtualización permite tener [crear] instancias de un sistema operativo dentro de otro, mientras que la emulación hace que el sistema operativo principal se comporte como si fuera otro.

La emulación es una de las estrategias para la conservación de las aplicaciones de las obras de arte de los nuevos medios. Para conservar un videojuego [*game art*], por ejemplo, la emulación podría ser muy útil.

En este caso el sistema nuevo se comporta como uno diferente gracias a un programa específico [emulador] que hace de puente [montura] para que todo funcione de manera correcta.

La virtualización es una estrategia [y herramienta] mucho más avanzada que la emulación.

Las máquinas virtuales permiten correr sistemas operativos dentro de otros;

incluso es posible correr programas específicos en estas máquinas virtuales [porque hacen uso del equipo de una manera prácticamente nativa].

El potencial de la virtualización es mayor que el de la emulación [la virtualización permite utilizar el hardware del equipo en el que se está aplicando esta máquina virtual].

El rendimiento es mejor que en una emulación y, sobre todo, la sensación es completamente fluida.

NOTA: Virtualización y emulación son dos caras de la misma moneda.

La primera exprime al máximo el potencial del hardware nuevo; la segunda se queda a medio camino [sus aplicaciones son mucho más caseras o destinadas al entretenimiento].

El mejor rendimiento se obtiene no cuando el software nuevo simula al hardware viejo, sino cuando el hardware nuevo se comporta como el hardware viejo.

NOTA: El código puede ser 'alambrado', en el hardware.

Dicho de otra manera, el hardware es una especie de código implementado físicamente [con circuitos y componentes electrónicos]; mientras que el software es un código que corre sobre un hardware de propósito general.

El código hardware siempre es más rápido y eficiente [consume menos] que el código software; aunque menos versátil [más específico].

Por ejemplo, la mayoría del software que gobierna la decodificación gráfica está implementada en el hardware.

La solución de Cerf está más cerca del concepto de 'maquinaria' virtual: una máquina de hacer máquinas [una meta-máquina].

Se trataría de una máquina hecha con última tecnología [siempre con la última tecnología], capaz de producir una máquina con las especificaciones [descritas como una receta] de lo que debe hacer para elaborar la nueva máquina [o vieja, cualquier máquina].

NOTA: Una receta de cocina permite cocinar un plato con determinados ingredientes y procesos.

Cambian las cacerolas, los utensilios de cocina, los fogones, los relojes para medir los tiempos, pero no la receta.

Cambiará la tecnología de una impresora 3D, pero no la información que le sirve de alimentación para crear elementos con volumen [su receta en forma de código].

NOTA: La receta [información] es permanente.

La máquina es efímera.

En caso de obsolescencia se trataría tan solo de pulsar el botón rojo de la máquina de hacer máquinas.

Esta construiría el hardware-software-netware necesario.

Se trataría solo de recrear la parte obsolescente [no el sistema completo, sino es necesario] a partir de una misma receta.

NOTA: Existen lenguajes de especificación de hardware que permiten crear aplicaciones hardware 'a medida'.

La máquina de hacer máquinas no es una quimera.

La tecnología será diferente, pero cumplirá la misma función que tiene encomendada como parte del sistema.

La parte nueva conservará las mismas interfaces [será como cambiar una bombilla por otra].

Todo seguirá siendo lo mismo [gracias a que es diferente].

Giuseppe Tomasi di Lampedusa escribió en el *El gatopardo* en boca del personaje de Tancredi:

Si queremos que todo siga como está, necesitamos que todo cambie.

Esa es la máxima de la Teoría de la Conservación Evolutiva. En el cambio está la permanencia [véase *Permanence Through Change: The Variable media Approach*, publicado por Solomon R. Guggenheim Museum y Daniel Langlois Foundation].

La obsolescencia tecnología no es una debilidad, sino una oportunidad.

Damien Hirst dijo:

> No me gusta la idea de que (una obra) tiene que ejecutarla un artista. Es una idea anticuada. Los arquitectos no construyen ellos mismos sus casas. Prefiero pagar a mis asistentes. Ellos lo hacen mejor. Yo me aburro, me impaciento.

En una cosa tiene razón, los expertos [asistentes] lo hacen mejor [por eso son expertos]. Si desea que su obra de nuevos medios sea antifrágil y evolutiva pague [quien cree que un profesional cuesta caro, no sabe lo caro que cuesta un incompetente]. No se aburra, ni impaciente.

James Gleick, en su libro *La información*, escribió:

> Difícilmente una tecnología de la información se vuelve obsoleta. Las nuevas van poniendo de relieve a sus predecesoras. Así es como Thomas Hobbes, en el siglo XVII, resistía al nuevo circo mediático de su época: "La invención de la imprenta [dijo], aunque ingeniosa, no es nada comparada con la invención de las letras". Hasta cierto punto, tenía razón. Cada medio de comunicación nuevo transforma la naturaleza del pensamiento humano. Al final, la historia no es más que el relato de la información que va adquiriendo consciencia de sí misma.

El paso de un nivel simbólico a otro, la conversión de un símbolo a otro, se denomina codificación [Manovich utiliza el término 'transcodificación' en un sentido más amplio].

Es probable que se utilice el término código en lugar de información [palabras o símbolos, en sentido general, que sustituyen a otras palabras o símbolos].
La clave de la antifragilidad en el arte de los nuevos medios está precisamente ahí, en el 'código' y esto es algo que no es posible en el arte de viejos medios, ni en el arte de medios tradicionales.

En la Grecia clásica se llamaba techné a todas las disciplinas artísticas y se entendía la técnica como 'hacer algo siguiendo unas reglas'.
Los griegos entendían la técnica como 'seguir reglas' [y aclaro que, aunque parezca que no viene al caso, seguir reglas poco o nada restringe la creatividad; más bien todo lo contrario].
El concepto de técnica poco o nada ha cambiado. Se siguen reglas para garantizar la consecución eficaz y plena de determinada finalidad.
Se rompen las reglas en la búsqueda y creación de nuevas reglas; no en la distorsión de las reglas aceptadas como eficaces.

La técnica estaba y esta en función de la techné.
Es lo que se estudiaba en las escuelas de arte para soportar [de manera adecuada] la epifanía de la imagen.
La techné está relacionada con la imagen, mientras la técnica está relacionada con el soporte.
La técnica se puede aprender, la techné no.
Si se enseña hacer arte [techné] de una manera, solo se puede repetir.
Si se enseña la técnica, solo se tienen más grados de libertad para innovar [para hacer techné].

La techné es una forma de 'hágalo usted mismo'.
La técnica es una forma de 'hágalo correctamente'.

NOTA: Todo no puede ser técnica [no es posible llamar técnica a toda ocurrencia], porque entonces nada es verdaderamente técnica.
Lo contrario de la técnica es el bricolage.

El arte de nuevos medios producido en ausencia de técnica [o mediante técnicas de usar y tirar, de prueba y error] no es conservable [aplicable a cualquier medio].
Una obra de arte de nuevos medios puede ser conservable si es producida o recreada con técnicas sólidas, rigurosas [estándares en su mayoría]; que le doten de capacidad antifrágil y evolutiva.

No es posible razonar correctamente a partir de premisas erróneas.

Mark Twain dijo:

Sustancialmente todas las ideas son de segunda mano.

Mark Twain fue escritor, orador y humorista [esto que dijo es muy serio].

NOTA: Las mejores ideas son las que perduran en el tiempo; las de n-ésima mano; las supervivientes.

Los nuevos medios pueden servir de soporte para crear obras de arte nuevos medios y también para estudiar el estado de conservación de obras de arte de medios tradicionales [pintura, escultura, grabado, etc.], de arte de viejos medios y de arte de nuevos medios.

Los nuevos medios son, en definitiva, metamedios [multiusos].

El estudio con diferentes longitud de ondas del icono de Pedro el Apóstol es un ejemplo del empleo de nuevos medios en la conservación-restauración de arte producido con medios tradicionales.

Una ortoimagen es una imagen en la que todos los elementos de la imagen están en la misma escala, libre de errores y deformaciones [con la misma validez de un plano cartográfico]. La ortoimagen [ortofoto] es corregida para representar una proyección ortogonal sin efectos de perspectiva; por lo tanto, es posible realizar mediciones exactas.

Esto es muy importante en un estudio de conservación en cuanto es posible medir [cuantificar objetivamente] las dimensiones de las alteraciones.

Los estudios de conservación requieren del uso de ortoimágenes [ortofotografías].

Una ortoimagen está referida a un sistema de proyección cartográfica, por lo que posee las características geométricas de un mapa con el factor adicional de que los objetos se encuentran representados de forma real en la imagen de la fotográfica.

Las ortoimágenes de una obra de arte producida con medios tradicionales [pintura, por ejemplo] son mapas.

En general, un mapa es más pequeño que el territorio.
El mapa de una obra de arte puede ser más grande que el territorio [una representación ampliada de la realidad].

Una fotografía familiar [de bodas, comuniones, bautizos, etc.] es una imagen.
Una fotografía para la conservación-restauración de una obra de arte debe ser una ortofotografía [ortofoto verdadera, ortomosaico, ortofotomapa] y además, debe ser científica.
Una fotografía es científica si se ha obtenido a través de un método científico [independientemente de su contenido].
La fotografía no es objetiva en sí misma; es el método de obtenerla el que es objetivo; el que otorga a una fotografía la dimensión de evidencia científica [libre de toda subjetividad].

David Malin describe en *The Focal encyclopedia of photography* que:

> Es la motivación detrás de la imagen lo que diferencia una imagen de ciencia de una fotografía cotidiana. Dos imágenes pueden parecer idénticas, pero la fotografía científica llevará consigo alguna información, tal vez un registro de dónde, cuándo, cómo o por qué se hizo y tal vez algo sobre lo que muestra. Mejor aún, tendrá una dimensión, una calibración, un contexto y una descripción. Si no lleva al menos parte de este detalle, es solo otra imagen.

David Frederick Malin es astrónomo y fotógrafo.

La mayoría de las imágenes son solo otras imágenes.

La imagen científica, según Malin, "no es solo una representación fotográfica, sino más bien son datos".
El dato más básico de una imagen digital es el pixel.

Un píxel o pixel, según la Wiki, es la menor unidad homogénea en color [o escala de grises] que forma parte de una imagen digital.
No hay nada más pequeño que un pixel.
El pixel es un punto en el plano.
El voxel es un punto en el espacio.

Para el artista Jim Campbell, el mosaico romano es el origen del pixel [como la Ecclesia romana, siglo XII. d.C., mosaico policromo, dalla Basilica di San Pietro. Museo Barracco, Roma, Italia].

Cualquier imagen puede ser construida con una matriz de píxeles de colores homogéneos.

Cualquier mosaico puede ser construido con teselas [el equivalente físico del pixel].

NOTA: En general los píxeles son cuadrados [y regulares]. En general las teselas son irregulares.

Durante el proceso de formación de la imagen digital se producen [debido a las imperfecciones de la cámara] aberraciones geométricas y cromáticas [o acromáticas] que deben ser corregidas en un proceso de revelado digital.

Las propiedades de la cámara que determinan estas imperfecciones se denominan parámetros intrínsecos [y son dependientes de cada cámara].

Las propiedades que determinan las imperfecciones de perspectiva y proporción se denominan parámetros extrínsecos [y son independientes de la cámara].

Los parámetros extrínsecos dependen de las relaciones de posición entre la cámara y la escena ['el mundo'].

NOTA: En el proceso de formación de la imagen intervienen la posición de la cámara respecto de la escena y la posición, intensidad y color de la fuente de iluminación.

Es preciso conocer con precisión el origen de la cámara [coordenadas (0, 0) del centro óptico] y el origen de la escena [coordenadas (0, 0, 0)] para calibrar correctamente el proceso de formación de la imagen.

La cámara y la escena ['el mundo'] están relacionados por una transformación de rotación y una transformación de traslación.

Con todo esto se puede establecer la correspondencia de la posición de un pixel (x, y) [adimensional] con la posición de cualquier punto (X, Y, Z) [en metros] en el espacio [escena].

NOTA: Las aberraciones geométricas [esférica, astigmatismo, curvatura del campo de visión, etc.] se deben a la distorsión de los sistemas ópticos reales.
Las aberraciones cromáticas se deben a la no uniformidad de la intensidad de la iluminación.

NOTA: Para conseguir una visión estéreo [la correspondencia entre la posición de un pixel (x, y, z) con la posición de cualquier punto (X, Y, Z) en la escena] es necesario disponer de dos cámaras y conocer la distancia entre las cámaras.

Cualquier método científico de formación de la imagen exige un proceso de calibración geométrica y cromática.
Para la calibración geométrica se utilizan imágenes de proporciones conocidas de referencia [los tableros de ajedrez son ideales].
Para la calibración cromática se utilizan cartas de blanco [de balance de blancos] y de parches de color de referencia.
Estos patrones de calibración son bien conocidos [por lo que es posible determinar con precisión la desviación de los valores reales respecto a los valores ideales].

Las imágenes que producen las cámaras digitales [de uso profesional] suelen ser almacenadas en un formato [sin formato] denominado RAW [en bruto] cuya característica principal es la incompatibilidad entre todos los formatos RAW de los diferentes fabricantes.

132	128	126	123	137	129	130	145	158	170	172	161	153	158	162	172	159	152
139	136	127	125	129	134	143	147	150	146	159	157	158	166	171	173	154	144
144	135	125	119	124	134	121	62	29	16	20	47	89	151	162	158	152	137
146	132	125	125	132	89	17	19	11	8	6	9	17	38	134	164	155	143
142	130	124	130	119	15	46	82	54	25	6	6	11	17	33	155	173	156
134	132	138	148	47	92	208	227	181	111	33	9	6	14	16	70	180	178
151	139	158	117	22	162	242	248	225	153	62	19	8	8	11	13	159	152
153	135	157	46	39	174	207	210	205	136	89	52	17	7	6	6	70	108
167	168	128	17	63	169	196	211	168	137	121	88	21	9	7	5	34	57
166	170	93	16	34	63	77	140	28	48	31	25	17	10	9	8	22	36
136	111	83	15	48	69	57	124	55	86	52	112	34	11	9	6	15	30
49	39	46	11	83	174	150	128	103	199	194	108	23	12	12	10	14	34
26	24	18	14	53	175	153	134	98	172	146	59	13	14	13	12	12	46
21	16	11	14	21	110	126	47	62	142	85	33	10	13	13	11	11	15
17	14	10	11	11	69	102	42	39	74	71	28	9	13	12	12	11	18
18	19	11	12	8	43	126	69	49	77	46	17	7	14	12	11	12	19
24	30	17	11	12	6	73	165	79	37	15	12	10	12	13	10	10	16
24	40	18	9	9	2	2	23	16	10	9	10	10	11	9	8	6	10
43	40	25	6	10	2	0	6	20	0	10	16	18	10	4	3	5	7
39	34	23	5	7	3	2	6	77	39	25	31	36	11	2	2	5	2
17	16	9	4	6	5	6	36	85	82	68	75	72	27	5	7	8	0
4	8	5	6	8	15	65	127	135	108	120	131	101	47	6	11	7	4
2	9	6	6	7	74	144	170	175	149	162	153	110	48	11	12	3	5
11	9	3	7	21	127	176	190	169	166	182	158	118	44	10	11	2	5
8	0	5	23	63	162	185	191	186	181	188	156	117	38	11	12	25	33
3	5	6	64	147	182	173	190	221	212	205	181	110	33	19	42	57	50
5	3	7	45	160	190	149	200	253	255	239	210	115	46	30	25	9	5
9	4	10	16	24	63	93	187	223	237	209	124	36	17	4	3	2	1
7	8	13	8	9	12	17	19	26	41	42	24	11	5	0	1	7	4

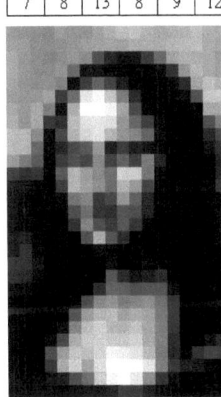

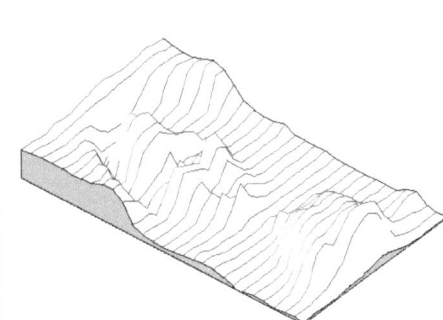

Una imagen científica es una imagen fiel [no una imagen natural].

Lo natural está relacionado con el observador [es subjetivo].

Lo fiel está relacionado con la escena [al margen de los juicios del observador; es objetivo].

NOTA: Es muy probable que le guste más una imagen natural que una imagen fiel, pero no por eso es objetiva.

Confié más en los datos que en sus ojos [si todo el sistema de adquisición está calibrado, un dato vale más que mil palabras].

La transcodificación de la imagen-materia en imagen-código es un proceso de desmaterialización.

La imagen-código es un nuevo medio para la preservación del valor informacional de la obra de arte [ya sea un medio tradicional, viejo o nuevo].

La imagen-código es una extensión del hombre [hace visible lo invisible al ojo].

Los píxeles son datos regidos por una sintaxis.

La sintaxis es un conjunto de reglas que dictan como representar, o codificar, un tipo específico de dato.

Por ejemplo, los píxeles pueden estar expresados en el espacio de color RGB o en HSV; pero los bits de un pixel son solo sintaxis de un significante, lógica sin representación [ni sentido, ni significación, ni valoración].

La sintaxis determina las relaciones que se establecen entre los significantes [cosas en-sí, datos].

La semántica determinan las relaciones que existen entre significantes [cosas-en-sí] y significados [cosas-en-mí, metadatos].

La sintaxis [relacionada con el significante] define el código como un alfabeto compuesto por determinados símbolos y las reglas sintácticas del lenguaje determinan la relación entre tales símbolos [lo que está permitido y lo que está prohibido]. La semántica [relacionada con el significado] define el significado de los símbolos y las reglas semánticas proporcionan el sentido a una sentencia, enunciado o instrucción del lenguaje.

El diseño de un sistema de notación es un problema de minimización y compromiso [optimización] de la dimensión y expresividad de sus símbolos y debe satisfacer cinco requisitos definidos por Goodman: la no-ambigüedad y la disyunción y diferenciación sintáctica y semántica.

Nelson Goodman fue filósofo. Escribió, entre otros, el libro *Los lenguajes del arte: Una aproximación a la teoría de los símbolos.*

La imagen-código está compuesta por datos que pueden ser representados de muy distintas maneras.

Todas las copias de una imagen-código son idénticas entre sí.

La objetividad de cualquier representación de una imagen-código depende no solo del proceso de formación de la imagen [en la máquina de captación], sino del proceso de reproducción de la imagen [en la máquina de representación].

Todas las máquinas incluidas en el proceso de formación, reproducción e impresión de la imagen deben estar debidamente calibradas.

La representación de la imagen-código es parte de la piel, del contorno, de las obras de arte de nuevos medios basadas en imágenes [2D, 3D, 4D, etc.].

```
1  // Georg Nees, Schotter, Reproduction by Jim Plaxco,
2  // www.artsnova.com
3  int columns = 12; //number of columns of squares
4  int rows = 22; //number of rows of squares
5  int sqrsize=30; //size of each square
6  float rndStep=.22; //Rotation Increment in degrees
7  float randsum=0; //Cumulative rotation value
8  int padding=2*sqrsize; //margin area
9  float randval; //random value for translation and rotation
10 float dampen=0.45; //soften random effect for translation
11
12 void setup() {
13   size((columns+4)*sqrsize,(rows+4)*sqrsize);
14   background(255); //set background color to white
15   stroke(0); //set pen color to black
16   smooth(); //use line smoothing
17   noFill(); //do not fill the squares with color
18   rectMode(CENTER); //use x,y value as the square's center
19   noLoop(); //execute draw() just one time
20 } // end of setup()
21
22 void draw() {
23   for (int y=1; y <= rows; y++){
24     randsum += (y*rndStep); //Increment the random value
25     for (int x=1; x <= columns; x++) {
26       pushMatrix();
27       randval = random(-randsum,randsum);
28       translate( padding + (x * sqrsize) -
29                  (.5*sqrsize) + (randval*dampen),
30                  padding + (y * sqrsize) -
31                  (.5*sqrsize) + (randval*dampen));
32       rotate(radians(randval));
33       rect(0,0,sqrsize,sqrsize);
34       popMatrix();
35     } //end of x loop
36   } //end of y loop
37 } //end of draw()
```

Jim Plaxco creó un código en lenguaje de programación Processing [entorno de desarrollo integrado de código abierto basado en Java creado por artistas para artistas] capaz de generar la obra *Schotter*, de Georg Nees.

Georg Nees fue matemático, físico y filósofo, pionero en el arte por ordenador [*computer art*] y los gráficos generativos.

Jim Plaxco es artista digital, codificador creativo, y consultor web.

Cada ejecución del código de Plaxco produce una nueva versión de *Schotter* que mantiene la misma esencia [la identidad de la imagen].

Las imágenes no son idénticas; sin embargo, comparten ciertos atributos 'esenciales'.

NOTA: Observe que en el código de Plaxco se definen una serie de variables globales como número de filas y columnas, tamaño de los cuadrados, etc., que permiten parametrizar el proceso generativo; es decir, obtener resultados distintos con el mismo código, solo cambiando estos parámetros o datos.

Schotter es una obra paradigmática de la estética generativa basada en principios estocásticos [variables aleatorias que evolucionan en función de otra variable] y redundancia estética [redundancia y complejidad están íntimamente relacionadas]. Un algoritmo es código [conjunto de símbolos]; está en lugar de algo, atrapa determinado comportamiento o proceso. Processing es código que produce imagen-código.

NOTA: Todos los códigos posibilitan la repetición. La iteración y la recursión son mecanismos de repetición del código. La repetición es copia [con variación] y en el arte de los nuevos medios proporciona ritmo y posibilita construcciones anafóricas [la variación puede ser considerada como ruido deseado]. Copia, transformación, combinación y ruido [innovación]. La transformación se basa, fundamentalmente, en procesos de traslación, rotación, escalamiento y distorsión de la imagen. Estos son básicamente los mecanismos que utiliza Plaxco para recrear, con bloques muy simples, la obra *Shotter* de Nees.

El algoritmo es código que necesita ser transcodificado a otro código [lenguaje] para existir [correr en una máquina].

Todos los algoritmos [según Casey Reas] deben satisfacer cuatro propiedades fundamentales:

a) *Multiplicidad* Un algoritmo se puede describir de diferentes maneras.

    Existen múltiples formas de ir desde el punto *A* hasta el punto *B*.

    La multiplicidad está directamente relacionada con el concepto filosófico de realizabilidad múltiple.

b) *Hipótesis* Un algoritmo exige determinadas suposiciones y conjeturas.

    Supone saber llegar. Según la metáfora de Reas:

    > las indicaciones de senderismo asumen que usted sabe ir de excursión, desde elegir el calzado adecuado, hasta comprender cómo seguir un camino serpenteante y que debe llevar agua suficiente. Sin estos conocimientos, el senderista podría acabar perdido, deshidratado y con los pies destrozados.

c) *Decisiones* Ante una bifurcación un algoritmo debe seleccionar el camino correcto.

d) *Modularidad* Un algoritmo complejo debe ser dividido en piezas modulares.

Casey Edwin Barker Reas [conocido como C. E. B. Reas o Casey Reas], es artista, profesor of Design Media Arts en UCLA y coautor de *Processing: A Programming Handbook for Visual Designers and Artists*, junto con Ben Fry.

```
1  import processing.pdf.*;
2
3  void setup() {
4    size(400, 400, PDF, "mondrian.pdf");
5    rectMode(CORNERS);
6    smooth();
7    noLoop();
8  }
9
10  void draw() {
11    background(255);
12    noStroke();
13
14    // upper right, red rectangle
15    fill(230, 20, 20);
16    rect(100, 0, 400, 300);
17
18    // lower left, blue rectangle
19    fill(40, 20, 200);
20    rect(0, 300, 100, 400);
21
22    // lower right, yellow rectangle
23    fill(230, 230, 20);
24    rect(380, 350, 400, 400);
25
26    // black lines
27    stroke(0);
28    strokeCap(SQUARE);
29    strokeWeight(12);
30    line(100, 0, 100, 400);
31    line(0, 300, 400, 300);
32    line(380, 300, 380, 400);
33
34    strokeWeight(20);
35    line(0, 200, 100, 200);
36    line(380, 350, 400, 350);
37    exit();
38  }
```

Este es un listado de un código Processing muy simple para generar un 'Mondrian'.

Piet Mondrian fue un pintor vanguardista de la corriente De Stijl, cofundador del neoplasticismo [junto con Theo van Doesburg].

Mondrian defendió la no implicación del arte en la reproducción de imágenes de objetos reales [solo la expresión de lo absoluto y universal que se oculta tras la realidad]; redujo toda representación a formas planas y colores primarios [rojo, azul, amarillo, blanco, gris y negro].

Una de las premisas del arte generativo es la autonomía de la máquina [la parametrización automática].

NOTA: Este código, aunque funciona, no es bueno [poco conservable], ni integrable, ni flexible, ni modular, ni escalable. Observe que todas las dimensiones son absolutas, no relativas [no existe ni una sola variable]; no está parametrizado.
No cumple con una de las premisas del arte generativo y, en consecuencia, no es posible la automatización, ni la variabilidad. Este código no es antifrágil, ni evolutivo.

Para que un algoritmo simple genere comportamientos complejos es deseable que sea integrable, flexible, modular y escalable; es decir, debe comportarse como piezas de LEGO.

Un código es un sistema [un todo, un programa] formado por subsistemas [partes, rutinas y subrutinas] interrelacionados entre sí a través de interfaces bien definidas [parámetros de entrada y salida] e interrelacionadas funcionalmente con el programa principal.
Un buen código debe ser reutilizable.
Gran parte de rutinas diseñadas y codificadas para implementar determinada finalidad [cálculo numérico, por ejemplo] son empaquetadas en bibliotecas [*libraries*] reutilizables.

NOTA: Reuse lo que funciona y está comprobado que funciona [casi siempre de dominio público].
Evite [todo lo posible] descubrir el agua potable [le ahorra tiempo , dinero y muchos dolores de cabeza].

La programación basada en eventos [Concurrent Event-driven Programming] es un paradigma de programación en el que tanto la estructura como la ejecución de los programas están determinados por los sucesos previstos del sistema; es óptima para las obras de arte de nuevos medios interactivas. El código puede ser organizado por pares de tipo acción-reacción.

NOTA: La mayor parte del tiempo una máquina [el ordenador] está sin hacer nada [en estado ocioso]. Los sucesos son eventos que exigen atención [le saca de ese estado ocioso, le invita a 'responder'].

Todos los lenguajes de programación, independientemente de su paradigma [orientado a eventos, orientado a objetos, estructurado, funcional, etc.], siguen unas reglas sintácticas y semánticas muy precisas que no permiten construcciones ambiguas e inconsistentes.

La ambigüedad [no comprobación, no claridad] y la inconsistencia [contradicción] son indeseables en la técnica de los nuevos medios.

NOTA: No confundir ambigüedad en el soporte [trascendente] con ambigüedad en la imagen [intrascendente].

El soporte debe estar libre de ambigüedad para que la imagen pueda ser ambigua.

La no comprensión de esta propiedad suele conducir a obras de nuevos medios fallidas.

Los pioneros del arte del software [*software art*], programación artística o arte del código, no solo estaban interesados en explorar las posibilidades estéticas y generativas del software sino en la propia estética del código; algo a lo que tímidamente se le llamó 'arte algorítmico' a principios de 1965 [arte de programar flujos de trabajos, procesos o reglas con un ordenador].

Hernando Barragán dijo:

El código es entonces un lenguaje con posibilidades estéticas y de forma, una codificación que tiene un poder transformador que en el medio digital opera transformaciones, que a su vez podrían generar nuevas formas.

Hernando Barragán es artista interdisciplinar, diseñador y académico; fue el creador de Wiring.

El proyecto Arduino se basa en Wiring.

Algunos aspectos a tener en cuenta en la generación de código:

a) Es deseable que el código sea inteligible [leíble] por cualquiera que no haya escrito el código. Martin Fowler dijo:

> Cualquier tonto puede escribir código que un ordenador pueda entender. Los buenos programadores escribe código que pueden entender los humanos.

Martin Fowler es ingeniero de software.

b) Es muy deseable que el código sea mantenible o fácil de evolucionar.

c) Es deseable que el código sea simple; sin complicaciones innecesarias, ni redundancias [menos es más].
El código debe ser [y estar] 'limpio'.

d) Es muy deseable que el código sea eficiente; que no consuma recursos innecesariamente: memoria, capacidad de proceso, tiempo de ejecución, etc.
Un código eficiente es un código sostenible.

e) Es deseable que el código sea claro o fácil de entender sin comentarios [auto-documentado, nombre adecuados de métodos y atributos, fragmentado en códigos pequeños, lógicos, estructurados, escalables, modulares, independientes, etc.].

Un buen código es, por lo tanto, legible, mantenible, simple, eficiente y claro.

NOTA: Un buen código es necesario, pero no es suficiente, para ser antifrágil y evolutivo.

Un código 'espagueti' es un código donde todo vale [estructura de control de flujo compleja e incomprensible] con tal de resolver el problema.

Es quizá el tipo de código que satisface el menor número atributos deseables [y el mayor de indeseables].

Es un tipo de código mucho más frecuente que lo deseable [la atracción del prototipado rápido está en alza].

El arte de las cosas se produce y reproduce en el mundo del arte [MA] casi siempre oculto y enigmático, provocando sospecha a la par de fascinación.

NOTA: No es posible mantener o evolucionar un código sino se dispone de sus fuentes [código legible para los humanos]. El código fuente debe ser parte de la documentación de una obra de arte de nuevos medios.

La reingeniería utiliza dos conceptos claves del proceso de recreación: abstracción [análisis] y refinamiento [síntesis].

El nivel de abstracción aumenta en la medida en que los detalles son reemplazados por información abstracta.

El nivel de refinamiento aumenta en la medida en que los detalles reemplacen información abstracta.

Actúan como dos caras de la misma moneda.

La abstracción permite la identificación del todo [sistema], de sus partes [subsistemas] y de las relaciones entre las partes y el todo.

El refinamiento permite la implementación de un nuevo todo funcionalmente equivalente.

Se suele denominar 'alteración' a las diferencias técnicas entre el estado de conservación del viejo sistema y el nuevo.
El principio de alteración establece que la alteración no supone ningún cambio en el grado de abstracción, y no supone la modificación, eliminación y adición de información.
La reestructuración es una alteración particular: la transformación de una representación a otra al mismo nivel de abstracción relativo [a nivel de partes] mientras conserva el comportamiento externo del sistema [todo].
La reestructuración supone la modificación, eliminación y adición de información sin que ello suponga un cambio en el grado de abstracción; dicho de otra manera, permite hacer lo mismo de manera completamente diferente.

La reingeniería es la base tecnológica de la estrategia de recreación propuesta en la Teoría de la Conservación Evolutiva.

Algunos principios básicos que ayudan a replantear el 'problema' de la permanencia a través del cambio.

Mutación Modificación que se produce en las partes y repercute en el todo.

Adaptación Toda unidad [viva u orgánica] permanece a través del cambio o mutación de sus partes.
El todo sobrevive a la selección natural por la adaptación evolutiva de sus partes.

Evolución La adaptación solo es posible si no todas sus partes aparecen y desaparecen al mismo tiempo, sino que coetáneamente surgen unas y desaparecen otras; predominando así lo uno o lo otro, el crecimiento o la extinción.

Versionado El versionado consiste en añadir subíndices en los términos empleados para así librarse de la idea de identificar cosas que, aunque lo parezcan, no son idénticas [poseen diferentes atributos].

v1, v2 o v3 son tres objetos que ocupan diferente espacio-tiempo, de lo mismo [son lo mismo en lo esencial aunque no sean lo mismo en lo accesorio].

En definitiva se trata de copias autorizadas, legales.

El arte de los nuevos medios ya no es tan nuevo.
La fascinación por la tecnología ha dado paso a obras de arte maduras [tal y como ha sucedido con todos los medios].
Kandinsky escribió en *De lo Espiritual en el Arte*:

> Cualquier creación artística es hija de su tiempo y madre de nuestros sentimientos. Igualmente, cada periodo cultural produce un arte que le es propio y que no puede repetirse.

Vasily Vasílievich Kandinsky fue pintor y teórico del arte.

Jussi Parikka escribió en *What is Media Archaeology?*:

> La arqueología de los medios ve la cultura medial como sedimentos y capas, un pliegue de tiempo y materialidad donde el pasado puede de repente ser descubierto de nuevo, y las nuevas tecnologías volverse obsoleta increíblemente rápido.

La arqueología de los medios estudia cómo la modernidad esta configurada a partir de los media y cómo los nuevos entornos tecnológicos que tienen su origen en la era moderna configuran nuevos modos de ver, oír, pensar y sentir.
La arqueología de los nuevos medios estudia cómo la contemporaneidad está configurada a partir de los nuevos medios y las nuevas configuraciones perceptuales que produce.

Jussi Parikka es escritor, teórico de nuevos medios y profesor.

Parikka habla del archivo como un lugar clave donde tiene lugar la arqueología de los medios.
Dado que el archivo se ha convertido [cada vez más] en un archivo digital, la arqueología de los medios de comunicación es transversal a las humanidades digitales.
Según la Wiki:

> Las humanidades digitales son una forma de re-imaginar las humanidades, retomando el objetivo de estudiar el desarrollo del ser humano en relación con su historia y cultura con las nuevas posibilidades de creación y difusión del conocimiento.

NOTA: Las humanidades digitales incluyen tanto objetos materiales y patrimonio digitalizados como artefactos originados en el medio digital.
Es un área que aplica los conocimientos de las nuevas tecnologías a los problemas de las ciencias humanas.

En esencia, una obra de arte de nuevos medios autógrafa [aunque solo exista un original] es eminentemente alógrafa.
El proceso de producción-recreación de la obra es algorítmico y puede [debe] ser documentado [aunque se produzca solo un ejemplar].
Un sistema de notación [A3, por ejemplo] puede servir para documentar su identidad [y para producir-recrear la obra; ya sea la totalidad o parte].

Uno de los objetivos principales del archivo es evitar la repetición de la historia [lo nuevo debe ser nuevo].

Los nuevos medios también pueden ser útiles en la autentificación [proceso que establece si la atribución de la autoría de una obra es correcta o verdadera] de medios tradicionales y viejos medios.

NOTA: Más del 50 % de las obras que circulan por el MA son falsas o están incorrectamente atribuidas.

Existen diversos proyectos basados en IA para detectar falsificaciones de arte [la cara oculta de la autentificación].
En general, estos proyectos utilizan pequeños fragmentos [teselas] de imágenes grandes y de alta resolución para identificar a un artista o autentificar un cuadro.
El procedimiento de autentificación [autenticación] pasa por determinar una arquitectura IA lo bastante grande y adecuada [*deep learning*], entrenarla con imágenes digitales de alta resolución verdaderas y falsas [imágenes de obras del autor a autenticar y de otros autores de época y estilo similar y no tan similar] y, por último, la red debe ser capaz de identificar si una imagen para la que no ha sido entrenada es o no es auténtica [con cierto grado de incertidumbre o nivel de confianza en la predicción].

NOTA: El entrenamiento consiste en presentar a la entrada de la red reuronal [determinada arquitectura IA] las teselas [imágenes a diferentes escalas] y ponderar los parámetros de la red que mejor se ajusten a una salida tipo: auténtico-no auténtico, verdadero-falso, positivo-negativo.
Las redes convolucionales, por ejemplo, son muy eficaces para tareas de visión artificial, como en la clasificación y segmentación de imágenes.

El problema principal es la disposición de una cantidad de imágenes suficiente [cuanto más mejor] de gran calidad.

La respuesta de la red no suele ser sí-no, sino un porcentaje de certeza; cualquier resultado inferior al 50 % de certeza llevaría a la consideración de que la obra no es auténtica; cuanto mayor sea el porcentaje de certeza, mayor será la probabilidad de que se trate de una obra auténtica.

NOTA: Las imágenes que alimentan la máquina de autentificación [tanto para el entrenamiento como para el reconocimiento] pueden [y deben] corresponder a diferentes rangos del espectro radiométrico [luz visible, infrarrojo, ultravioleta, rayos X, etc.].

La autentificación mediante estas técnicas no es infalible, aunque sí imparcial, objetiva e independiente [y más barata].

Una vez entrenado el sistema, solo se necesita de una imagen de alta calidad de la obra para someterla al proceso [basta con la imagen tomada con un *smartphone*].

Las mismas técnicas IA para detectar falsificaciones pueden ser útiles para crear falsificaciones.

Para esta aplicación se utilizan redes generativas con adversario [GAN, Generative Adversarial Network], en la que dos redes neuronales compiten entre sí en una especie de juego.

Una crea arte falso y la otra actúa como crítico e intenta descubrir cuáles imágenes son falsas y cuáles no.

A través de este proceso, el arte que se genera es cada vez mejor [y por lo tanto mejor la falsificación].

NOTA: También existen robots que pintan sobre lienzo.

Si busca por imágenes en Google esta imagen [generada por una IA como una falsificación], verá que puede haber sido creada por muchos artistas [Michel Moskovtchenko, Jacob Van Ruysdael, Miquel Barceló, Zoran Music, Thomas Cole, etc.].

NOTA: Estas imágenes [creadas con IA] no son atribuidas a algún artista en particular por lo que, en rigor, no son falsas. Son imágenes libres de derechos que puede atribuir incluso a algún artista inexistente [tan inexistente como una obra inexistente] sin conflictos legales de propiedad intelectual.

La autenticación con IA, solo puede añadir una capa de objetividad al proceso de autenticación.

No quitará el empleo a ningún *connaisseur*; solo es una herramienta que, como cualquier herramienta, puede servir tanto para hacer algo positivo [detectar falsificaciones] como para hacer algo negativo [crear falsificaciones].

En junio de 2006, la casa de subastas Christie's subastó la pintura del artista Max Ernst *La Horda*, de 1927, en la portada del catálogo de su venta nocturna de arte impresionista y moderno.

NOTA: la portada del catálogo se reserva para la obra más interesante de la venta.

Christie's apostaba fuerte con esta obra maestra surrealista.

En el comunicado de prensa de mayo de 2006 que precedía a la venta dijeron:

> A la cabeza de la sección surrealista de la venta se encuentra La Horde, 1927 (estimación: 2 500 000-3 500 000 libras), uno de los mejores ejemplos de una pequeña serie de extrañas e impactantes pinturas de Max Ernst, realizadas con su entonces recién descubierta técnica del *grattage*.
>
> "Este emocionante descubrimiento es la obra más importante de Max Ernst que aparece en una subasta en al menos una década", dijo Olivier Camu, codirector de la venta nocturna.

El único problema era que la 'obra más importante de Max Ernst que se ha subastado en al menos una década' fue creada por el famoso falsificador Wolfgang Beltracchi.

NOTA: Wolfgang Beltracchi es un auténtico 'crack' de la falsificación.

Durante 40 años, el pintor Wolfgang Beltracchi falsificó decenas de cuadros de las vanguardias y logró venderlas a precio de oro a los más reputados coleccionistas, marchantes y expertos en arte.

Tal era su talento, que falsificaba hasta las antiguas fotos en blanco y negro con las que le exigían certificar el origen de su colección [los certificados de autentificación eran también obras maestras de la falsificación].

Carina Popovici y Christiane Hoppe-Oehl, desarrollaron un algoritmo [Art Recognition] que detectó correctamente *La Horda* y otras falsificaciones conocidas utilizando una sola fotografía de las obras en cuestión.

Tal algoritmo [una red neuronal de *deep learning*] examina las pinceladas y produce un mapa de calor fácil de leer que señala las zonas del cuadro más sospechosas.

NOTA: La genialidad de Beltracchi no estaba en copiar obras de arte, sino en producir obras de arte inexistentes y atribuirlas a determinado artista.

NOTA: Modigliani es, quizá, el artista más falsificado de todos los tiempos.

NOTA: No pierda el tiempo intento autentificar copias de la *Fontaine* o de *Io sono*.

Estos algoritmos trabajan bien con estilos muy ricos en estructura y pinceladas bien definidas [para evaluar obras de arte de medios tradicionales].

NOTA: En lo relativo al conocimiento, los falsificadores y los expertos [*connoisseurship*] no se diferencian en lo esencial.

Todo esto funciona si la calidad de las imágenes [la percepción integrada del grado general de excelencia de una imagen] es buena.

La calidad de la imagen [y la evaluación de la calidad de la imagen] son temas complejos y sofisticados de conocimiento que se mueven entre lo objetivo [fidelidad] y lo subjetivo [naturalidad];

temas a menudo relacionados con la maximización de la utilidad, naturalidad o fidelidad de la imagen.

NOTA: Que una obra se considere auténtica o falsificada puede significar la diferencia entre que un cuadro valga decenas de millones de dólares o prácticamente nada.

Si la IA es capaz de producir y recrear obras de medios tradicionales, viejos y nuevos, completas, es obvio que también podría producir y recrear solo parte de estas obras; es decir, de rellenar lagunas o incluso de 'mejorar' la calidad de una imagen; es decir, de restaurar.

La restauración de imágenes [*image restoration*] es el proceso de recuperar una imagen a partir de una versión degradada.

Las fotografías impresas en papel [y sus correspondientes negativos *film*] también envejecen; son obsolescentes de alguna manera.

Para esta aplicación las redes GAN resultan como el anillo al dedo.

NOTA: Entiéndase por degradación: difuminación de movimiento [*motion blur*], ruido, desenfoque de la cámara, una combinación de todas estas, etc.
Entiéndase también procesos que no son [estrictamente] de degradación: colorización, ampliación de resolución, mejora de la nitidez, revelado digital de *film* negativo, etc.

La corrección de estas degradaciones [en el mundo virtual, solo a partir de imágenes del mundo real] proporciona un modo no destructivo de visualización de determinadas hipótesis.

NOTA: La clave está en lo: 'no destructivo'.
Es posible probar todos los métodos que se quieran, todas las veces que sea necesario, sin 'tocar' la obra.
Irina-Mihaela Ciortan, Sony George y Jon Yngve Hardeberg propusieron un algoritmo de *inpainting* basado en una GAN, con dos generadores: uno para las aristas y otro para los colores.

El generador de color reequilibra cromáticamente el resultado al imponer una pérdida en el espacio discretizado gamut del conjunto de datos.

El método sigue el modus operandi de un artista: primero las aristas, luego la paleta de colores y, por último, los tonos de color. La imagen 'restaurada' [mostrada] corresponde a pinturas murales del patrimonio de la UNESCO de Dunhuang.

NOTA: Lo 'no destructivo' [junto a las posibilidades de 'deshacer'] es el equivalente en la conservación-restauración del arte de los nuevos medios, a la reversibilidad en la conservación-restauración del arte producido con medios tradicionales.

Denis Shiryaev [aficionado de la restauración] restauró el cortometraje de los hermanos Lumière de 1885 *La llegada de un tren a La Ciotat*. La película digitalizada fue 'expandida' a tecnología 4K, 60 fotogramas por segundo.

La imagen es tan nítida que parece que *La llegada de un tren...* se rodó en digital.

NOTA: En este enlace se puede ver la versión restaurada monocromática: `https://youtu.be/1FAj9fJQRZA`.

NOTA: En este enlace se puede ver la versión restaurada y colorizada: `https://youtu.be/cYRp9VRZk0c`.

Esta versión no se corresponde con la película original, es solo eso: una 'posible' versión. En este enlace se puede ver la película original [arriba], junto a la película restaurada [abajo]: `https://youtu.be/0H019LV58R0`.

Observe todas las degradaciones [acromáticas y geométricas] corregidas y mejoradas.

NOTA: El término acromático alude [en este contexto] a aquello que carece de color, a diferencia de lo cromático.
Una imagen en escala de grises se define en tonalidades acromáticas.

La base de cualquier película es un substrato transparente que actúa como soporte para la emulsión fotosensible que está sobre este.
Una de las características de estas películas es la posibilidad de ver la imagen en el soporte [aunque la contemplación se produzca en la proyección de esas imágenes].
Las bases [la mayor parte del espesor de cualquier película fotográfica] más empleadas [a pesar de las numerosas capas y recubrimientos relacionados con la capa de emulsión] han sido: nitrocelulosa [nitrato de celulosa], acetato de celulosa [triacetato de celulosa, diacetato de celulosa, acetato propionato de celulosa y acetobutirato de celulosa] y poliéster [tereftalato de polietileno].

La calidad de la remediación de un film [cuyo soporte sea estas bases o cualquier otra] siempre será mejor que la de la versión remediada.

Esto no es solo por las propias características de la digitalización, sino también debido a las características propias de la emulsión analógica y de las posibilidades técnicas que ofrece lo digital.

NOTA: La nitrocelulosa es altamente inflamable; se descompone después de varias décadas a un gas menos inflamable [la película se torna pegajosa y viscosa], y finalmente se transforma en polvo.

La única posibilidad de conservación-restauración de estos viejos medios pasa por la remediación en un entorno controlado [altamente controlado].

NOTA: Los nuevos medios pueden coexistir en diferentes versiones [según el objetivo deseado]: versión íntegra y original, versión editada, versión restaurada, versión con determinada banda sonora [o silente], etc.

Tras su estreno alemán en 1927, el film [de 153 minutos de duración] fue editado por los estudios UFA en Alemania y Paramount en EE.UU hasta dejarlo en 90 minutos.

En 1984, la película fue reeditada con un metraje adicional, se eliminaron intertítulos, se añadieron tintes de color y música pop rock producida por el músico Giorgio Moroder.

En 1987, Enno Patalas y el Archivo de Cine de Munich [Filmmuseum München] realizaron una restauración más encaminada a la archivística que la anterior, donde se representaban escenas que faltaban con tarjetas de título y fotografías fijas.

En 2001, la Fundación Friedrich Wilhelm Murnau, en conjunto con otras filmotecas a nivel mundial, y supervisado por Martin Koerber, realizaron una nueva reconstrucción de 124 minutos que mostró por primera vez en el Festival de Cine de Berlín [esta es la versión incluida en el Registro de la Memoria del Mundo].

En 2008, se encontró en el Museo de Cine Panlo Ducrós Hicken de Buenos Aires una copia en negativo casi íntegra en formato de 16mm del film original [tal y como la concibió Fritz Lang], lo que conllevó la inclusión de 25 minutos inéditos desde su estreno en el Festival de Berlín y su posterior comercialización en 2010.

En esta versión 'final' [con los 25 minutos inéditos recuperados] la estructura narrativa completa del *film* cambia.

NOTA: La versión argentina se encontraba en muy malas condiciones y no era original, sino una copia.

Todas las versiones digitales de Metrópolis son auténticas [cada versión corresponde a un estado de autenticidad].

La inteligencia artificial puede ser de gran ayuda en la restauración de este tipo de películas de viejos medios.

NOTA: Metrópolis es la primera película de la historia que pertenece al Patrimonio Audiovisual de la Humanidad.

NOTA: Si le interesa la conservación-restauración de film, revise el libro *The Film Preservation Guide. The Basics for Archives, Libraries, and Museums*, producido y puesto gratuitamente a disposición del público por la National Film Preservation Foundation, en: https://www.filmpreservation.org/preservation-basics/the-film-preservation-guide-download.

Antes de la restauración, *The Night Watch* medía casi [4, 5 × 4]m y pesaba 337kg.

Además de ser famosa por su tamaño, la obra es aclamada por su uso de la iluminación dramática y el movimiento.

El lienzo *La ronda de la noche* [*The Night Watch*], creado por Rembrandt en 1642, fue recortado en 1715 para que cupiera entre las dos puertas del ayuntamiento de Ámsterdam.

Desde entonces, faltan 60cm de la izquierda, 22cm de la parte superior, 12cm de la inferior y 7cm de la derecha.

Sin embargo, un programa informático ha restaurado el cuadro completo por primera vez en 300 años.

Según la BBC:

El Rijksmuseum de Ámsterdam, donde se expone el cuadro original, utilizó dos imágenes para entrenar la IA. La primera era un escaneo de alta resolución del original, y la segunda una copia pintada -realizada antes del recorte- por Gerrit Lundens, que se expone en la National Gallery de Londres. En lugar de contratar a un pintor para la reconstrucción, el arte se creó píxel a píxel al estilo de Rembrandt, utilizando las fotos escaneadas como referencia para los detalles y colores utilizados en el original.

Las imágenes se imprimieron y se montaron a los lados del cuadro original, para que los visitantes puedan imaginarse el lienzo completo, tal y como lo concibió el artista.

Los visitantes del museo pueden ver ahora los cambios:

a) Tres figuras en el lado izquierdo (dos hombres y un niño).

b) Un casco completo en el lado derecho del cuadro.

c) Una visión más clara de un niño en el primer plano de la izquierda, huyendo de la milicia.

d) Reposicionamiento de la composición del cuadro, para que sus figuras estén en lugares diferentes.

En 1975, un hombre armado con un cuchillo de pan se enfrentó a un guardia del museo y acuchilló el cuadro, diciendo a espectadores y observadores que "lo hacía por el Señor". La obra también fue atacada con un cuchillo en 1911 y rociada con un producto químico en 1990, pero en ambas ocasiones sólo se produjeron daños menores que fueron relativamente fáciles de reparar [restaurar].

La conservación-restauración de las obras de arte [independientemente del medio] es un reto práctico, ético y teórico. Lisa Rosen dijo:

> Hay dos escuelas de pensamiento en la restauración [de arte]. En Italia, donde aprendí durante muchos años, te enseñan a no falsificar ni recrear exactamente la zona que falta. Hay que bajar un tono para que se note el retoque. Y aquí, en Estados Unidos, las galerías y la gente que vende arte no quieren ver la diferencia; quieren que sea perfecta, como un remiendo invisible.

No existe una metodología general para la conservación-restauración de arte [ni siquiera para arte del mismo medio, ni para el mismo artista, ni para la misma época, ni para la misma obra]. Las cosas envejecen con historias y daños diferentes.

NOTA: Hay más de dos maneras de conservar-restaurar [al igual que existen más de dos teorías y más de dos culturas]. Cada obra de arte es un caso de estudio único al que quizá se puedan aplicar técnicas obtenidas de otros casos y del que quizá se obtengan nuevas técnicas aplicables a otro caso.

Lisa Rosen es directora de Restauración de Bellas Artes en Nueva York.

Esta es una imagen generada por IA basada en una imagen de la obra *Super Mario Clouds* de Cory Arcangel.

Puede generar obras IA en `https://playgroundai.com` [todas las que quiera, es gratis].

Tiene algún toque Magritte [aunque fue una decisión totalmente autónoma del programa].

En 2001, unos investigadores publicaron en la revista *Minds and Machines* un artículo en el que sugerían un test de Lovelace, como sustituto al test de Turing, para evaluar la capacidad de una máquina de crear.

NOTA: Ada Lovelace fue matemática y escritora, célebre por su trabajo en la computadora mecánica de uso general de Charles Babbage [máquina analítica].

Este fue el punto de partida del test de Lovelace:

> Los ordenadores no pueden crear nada. Porque la creación requiere, como mínimo, originar algo. Pero los ordenadores no originan nada; se limitan a hacer lo que les ordenamos, a través de programas.

La prueba de Lovelace es definida por los autores tal que:

> Un agente artificial diseñado por un humano produce algo (por ejemplo, un cuento); este agente puede repetir este proceso; el humano que diseñó este agente no puede explicar cómo el agente produjo este algo.

NOTA: Se diseñarán muchas variantes del test de Turing y de Lovelace para evaluar la creatividad de las máquinas; aunque los ordenadores que hacen arte pasaron esta prueba hace mucho tiempo.

En 1966, un experimento organizado por Michael Noll, descubrió que la gente prefería un dibujo generado por ordenador, similar a Mondrian, a un Mondrian original [aunque se tratara de un Mondrian monocromático].

La IA no sustituye a nadie; ni a los conservadores-restauradores, ni a los artistas.

La IA es una herramienta de nuevos medios [como cualquier herramienta] que puede ser utilizada en muchas aplicaciones [incluso en aviones o centrales nucleares].

La IA ni siquiera es una sola cosa, es un conjunto de arquitecturas cuyo propósito es hacer bien [cada vez mejor] una tarea.

Algunos creen que no.

Roger Penrose dijo:

> Los ordenadores jamás podrán emular el funcionamiento del cerebro humano.

Si alguien tiene dudas, Penrose lo ilustra con este simple ejemplo: "Busca un número impar que sea la suma de dos números pares".

Un ordenador que reciba esta simple instrucción intentará indefinidamente encontrar una solución y sus cálculos nunca terminarán.

Sin embargo, una persona se da cuenta inmediatamente de que es una computación sin fin [que no es posible encontrar un número impar que sea la suma de dos números pares].

De estas y otras muchas reflexiones acerca de la inteligencia artificial se encarga su libro *La nueva mente del emperador*.

Roger Penrose es es un físico-matemático, divulgador y filósofo; Premio Nobel de Física en 2020 por el descubrimiento de que la formación de agujeros negros es una predicción sólida de la teoría general de la relatividad.

El término 'inteligencia' se utiliza más en un sentido metafórico que literal.

Roger Penrose dijo:

> El cerebro funciona en base a neuronas, axones, dentritas y sinapsis; el ordenador tiene transistores, cables y circuitos impresos. El segundo es 10 millones de veces más rápido y a diferencia del primero, es preciso y no redundante. El cerebro utiliza 80.000 conexiones entre sus células, el ordenador no más de tres o cuatro entre sus elementos.

NOTA: Con una cámara de infrarrojos es posible 'ver' a través de la pintura [ver lo que hay detrás de la pintura; la pintura al óleo es transparente a la luz infrarroja].

Es posible 'ver' versiones anteriores que pueden haber sido pintadas y 'borradas' [también las dudas del artista al pintar]. Con una cámara de fluorescencia de macro rayos X es posible obtener información química.

La IA no tiene preferencia por un tipo de visión que por otra [trabaja con todas]; ayuda a interpretar estas múltiples piezas de información sobre cada pixel en algo significativo.

La IA también puede ayudar a encontrar patrones similares de composición visual entre las obras [puede ayudar a investigar la originalidad o grado de influencia artística o incluso de apropiación].

NOTA: La IA es buena en el aprendizaje y búsqueda de patrones [regularidades].

No se cansa, no se agobia, no se estresa [solo consume cantidades ingentes de energía].

La IA puede localizar patrones de alteraciones, de estilo, de elementos particulares, etc. [lo mismo le da una cosa que otra; aprende de lo que le alimenten].

NOTA: La legalidad del arte generado por la IA sigue siendo gris en la mayoría de los países.

La oficina de derechos de autor de EE.UU. acaba de anunciar [Noviembre de 2022] que el arte producido por la IA no puede ser objeto de derechos de autor.

Legalmente, en los Estados Unidos, esto significa que cualquier arte creado mediante IA no está sujeto a derechos de autor y, por lo tanto, no es contenido creativo/imaginativo o 'arte'.

Los investigadores Babak Saleh y Ahmed Elgammal dise-
ñaron, entrenaron y utilizaron una IA para encontrar patrones
comunes entre obras de arte.
Studio 9 Rue de la Condamine, de Frédéric Bazille, 1870, y *Shuf-
fleton´s Barbershop*, de Norman Rockwell, 1950, por ejemplo,
resultaron enormemente familiares [información que resultó
ser nueva para los *connaisseurs*].
La composición de ambos cuadros se divide de forma similar.
Los óvalos amarillos indican objetos similares, las líneas rojas
indican la composición y el cuadrado azul representa un elemento estructural similar.
Los objetos comunes en las escenas [una estufa, tres hombres
agrupados, sillas y una ventana] comparten una posición similar [semejante].

Saleh y Elgammal crearon visualizaciones de la similitud
entre artistas [mapa de artistas] basada en el grado de influencia [algo que puede ser de mayor interés para historiadores
de arte y conservadores-restauradores, de menor interés para
artistas e incluso inútil o ridículo para otros colectivos].

Los nuevos medios han producido un salto cualitativo sin
cambiar su esencia: el dominio digital.
Muchas aplicaciones soñadas e impensadas son ahora posibles
[y accequibles].
Se dispone de toda la información necesaria y también de las
herramientas [y máquinas].
Lo que hagan artistas, conservadores-restauradores, historiadores de arte, falsificadores de arte, etc., no es asunto del *'state
of the art'* [es asunto de códigos deontológicos].

OpenAI dijo que la red "tiene en cuenta los elementos visuales existentes de la imagen, incluidas las sombras, los reflejos y las texturas, para mantener el contexto de la imagen original". La idea es simple; el 'extra' añadido a la obra original mantiene el contexto de tal forma que parece que originalmente ya estaba ahí.

NOTA: La función *outpainting* de Dall-e no completa por sí sola una pintura;
es preciso suministrar una descripción de lo que imaginan nuevo [en forma de texto] para que la herramienta pueda trabajar ['imaginar'] en base a ello.

La joven de la perla de Dall-e 2, no es la *La joven de la perla* de Vermeer.
Solo es una joven empotrada en otro contexto que ha perdido todo su contexto.
Pero es una prueba fehaciente de las altas capacidades de estos nuevos medios.

NOTA: OpenAI restringe sus IA y pone límites en su uso.
Los usuarios tienen prohibido generar imágenes que no tengan clasificación G y que puedan causar daño [símbolos de odio, desnudez, gestos obscenos, grandes conspiraciones, eventos relacionados con importantes eventos geopolíticos en curso, etcétera, etcétera, etcétera].
Es posible imaginar cualquier cosa, pero no es posible producir cualquier cosa [algo tan novedoso como contradictorio para el arte].

La IA Dall-e 2 extendió el famoso cuadro *La joven de la perla*, de Johannes Vermeer [proceso conocido como *outpainting*].

El que originalmente era un retrato de una muchacha con turbante, ahora es una extensa obra con multitud de elementos incorporados por Dall-e 2.

Inpainting integra elementos nuevos en zonas específicas de la imagen [relleno de lagunas, etc.].
Outpainting agranda la imagen [¿el lienzo?] y añade contenido alrededor.

Algunos opinan que, de la misma manera que la fotografía empujó hacia el realismo pictórico y nuevos estilos artísticos como el postimpresionismo, los nuevos generadores de IA impulsarán la creatividad hacia nuevas direcciones.
Otros opinan que, los nuevos generadores de IA no son más que juguetes; que el arte [humano] es una cosa [que se crea desde la perspectiva y el *background* propio del artista], mientras que el cripto-arte [artificial] es otra [que se crea a partir de una descripción textual o referencial].

NOTA: El *background* del artista es algo que tiene que ver con la perspectiva y el contexto de su trabajo [historia personal, cultura, valores, forma única de 'ver' el mundo, etc.].

En 1839, Delaroche afirmó: "¡Desde hoy la pintura ha muerto!". Lo dijo al salir de una demostración de daguerrotipos.
Antes de la invención de la fotografía, las únicas imágenes realistas en el mundo eran aquellas producidas por artistas.
El fotorealismo podía ser reducido a un proceso mecánico.
Paul Delaroche fue pintor.

En 2021, el artista Peter Fischli comisionó la muestra #Stop-Painting donde analiza 'cinco muertes de la pintura' [invención de la fotografía, *ready-made* y *collage*, muerte del autor (autenticidad y originalidad), mercantilización del arte, crisis de la crítica].

En 1995, Danto afirmó: "El arte ha muerto". Lo dijo en su libro *El fin del arte*.

Antes de los indiscernibles, los únicos objetos que eran arte eran aquellos producidos por artistas.

Después de los indiscernibles, el arte podía ser reducido a un proceso conceptual.

En 2021, William Deresiewicz escribió *La muerte del artista: Cómo los creadores luchan por sobrevivir en la era de los billonarios y la tecnología*.

Se trata de nuevas herramientas, viejos [mismos] miedos.

Los nuevos medios no quitarán el empleo de artistas, críticos, conservadore-restauradores, historiadores de arte, etc.

Los nuevos medios no destruirán los nuevos medios.

Los nuevos medios, como cualquier medio, puede ser bueno o malo [esto no depende del medio en sí; sino del uso del medio en sí; de la ética de los seres humanos].

Los nuevos medios, como cualquier medio, puede ser útiles o inútiles [esto no depende del medio en sí; sino del uso del conocimiento del ser humano acerca del medio].

Los nuevos medios no harán menos pobres a los más pobres, ni menos ricos a los más ricos [esto no depende del medio en sí; sino del ser humano y del uso que le de a los medios].

Los nuevos medios no son artistas de la misma manera que los procesadores de texto no son escritores.

Los nuevos medios son medios [medios de comunicación, medios de expresión, medios de creación, medios de intermediación] que tienen la particularidad de ser digitales [de estar formados por tecnologías basadas en el código binario].

Los nuevos medios no podrán distinguir lo que es arte de lo que no lo es [repetirán los prejuicios de quien los programe].

Los nuevos medios [sin convenciones] no sabrán distinguir dos indiscernibles [todos los cuadros rojos son rojos, todos los urinarios son urinarios, todos los vacíos son vacíos, etc.].

Los nuevos medios no sabrán si un vaso está medio lleno o medio vacío [dirán que está medio lleno y medio vacío].

Los nuevos medios no sabrán si lo que hacen es mejor o peor que otra cosa hecha [aunque sea por ellos mismos].

Los nuevos medios podrán pintar cuadros, esculpir piedras y grabar sobre papel imágenes [también podrán escribir poemas, componer música, etc.] sin saber [ni entender] lo que pintan, esculpen y graban [también lo que escriben o componen]; no le darán, ni encontrarán, sentido.

La casa de subastas Christie's vendió *Portrait of Edmond Belamy* [una obra de arte de nuevos medios basada en IA], del colectivo Obvious [un grupo de tres amiguetes sin conocimiento de pintura, escultura, grabado, etc.; tampoco de viejos medios], por 432 500 dólares [tras más de seis minutos de pujas continuas].

Es obvio que la obra se vendió porque la casa Christie's la subastó.

Es obvio que alguien pagó 432 500 dólares por ella porque la casa Christie's la subastó.

NOTA: Obvious había fracasado en la venta de su obra en eBay.

Es obvio que Obvious no es Christie's.

El mundo del arte puso el grito en el cielo.

El mundo del arte puso el grito en el cielo con el urinario de R. Mutt [atribuido a Duchamp].

El mundo del arte puso el grito en el cielo cuando la artista del performance Deborah de Robertis rindió su particular homenaje a *L'Origine du Monde* de Gustave Courbet en el Musée d'Orsay de París [también el mundo del arte puso el grito en el cielo en 1866, con *L'Origine du Monde*].

El mundo del arte puso el grito en el cielo cuando en restauraciones entre los años 1980 y 1992, se descubrió que los desnudos de *El Juicio Final* [pintados en el techo de la Capilla Sixtina en El Vaticano por Miguel Ángel] habían sido 'raspados' del original y no podían ser recuperados [también puso el grito en el cielo cuando se recuperaron].

El mundo del arte puso el grito en el cielo cuando el artista italiano Maurizio Cattelan expuso y vendió 2 ediciones de *Comediante* [una obra de arte de tres ejemplares que consiste en un plátano fresco pegado a la pared con un trozo de cinta adhesiva], en Art Basel Miami Beach, por 120 000$.

El mundo del arte puso el grito en el cielo cuando la casa de subasta Sotheby's vendió un píxel [un simple punto en una pantalla digital] de color gris [en realidad es una obra de arte titulada *The Pixel* que forma parte de The Fungible Collection –una colección de seis obras digitales del artista Pak] por 1 355 555$ [1,13 millones de euros].

El mundo del arte ha puesto el grito en el cielo tantas veces que resulta más noticia [escándalo] que grito.

Lo cierto es que cualquier día se venderá el grito en el cielo del mundo del arte en una prestigiosa casa de subastas de arte.

Ernst Gombrich dijo en su libro *Historia del arte*: "El arte no existe. Existen los artistas".
Hoy día [en 2022] en los Estados Unidos la IA no es artista porque el 'arte' que produce [que no existe, aunque se venda a precios difícilmente comprensibles], no puede ser objeto de derechos de autor.

NOTA: Un NFT solo funciona como un certificado. No califica como una obra protegida por los derechos de autor; no cuenta con esa protección.

Antes he dicho que la cosa, 'lo que es' ['lo que sea que «es»'], constituye una totalidad atributiva; algo respecto a sí mismo; también he dicho que la cosa, 'lo que es' desde fuera de ella misma ['lo que sea que creemos que «es»'], constituye una totalidad distributiva; algo respecto a las demás [a las demás cosas].
En esta relación [lo que es-lo que creemos que es], es evidente, está la respuesta al 'problema de los indiscernibles'; ya sean los cuadros rojos de Danto o las cajas de Brillo de Warhol.

'Lo que es' es objetivo; se trata de medir o estimar todas las propiedades esenciales que determinan la identidad de la cosa; lo que le diferencia de las demás cosas, lo que le hace singular [lo que debería ser igual para todos los sujetos].

NOTA: La cosa 'que es', es un objeto abstracto.
Es posible determinar [o establecer, en caso de que no existan] el color, textura, dimensiones, etc., de cada cuadro rojo de Danto.

NOTA [continuación]: Es posible determinar todas las propiedades de cada parte de una caja Brillo de Warhol y las relaciones entre cada una de las partes y las relaciones de las partes respecto a la totalidad para determinar 'qué es' [de qué se trata desde un punto de vista ontológico y mereológico].

El objeto abstracto es un protoestado [que Salvador Muñoz Viñas denomina protoestado de autenticidad].

El protoestado es independiente de la existencia física de la cosa [de determinado estado de autenticidad]; es evidente que las propiedades de la cosa física solo pueden alejarse de las propiedades del objeto metafísico con el transcurso del tiempo. Este alejamiento es lo que solemos considerar como deterioro. El protoestado es un modelo.

'Lo que creemos que es', es subjetivo; se trata de determinar todas las propiedades [relacionales] que determinan la identidad de la cosa; lo que le asemeja y diferencia de las demás cosas, lo que le hace más o menos singular, más o menos plural para cada sujeto.

NOTA: La cosa 'que creemos que es', es también un objeto abstracto; solo que es para cada sujeto.

Es evidente que 'lo que es' no es lo mismo que lo 'que creemos que es'.

No es tan evidente que, en cuanto la identidad de la cosa, existe una relación causal entre lo 'que creemos que es' y 'lo que es'; dicho de otra manera, la cosa tiene que ser primero para que podamos relacionarla con otras cosas [para que podamos creer lo que sea que es].

Nekhayev llama a las cosas 'artefactos' y los distingue entre únicos y replicables.

En su artículo *arte = arte o arte ≠ arte. objetos de arte y problemas de identidad* escribió:

> En ambos casos [únicos y replicables] los artefactos pueden ser idénticos, con la única diferencia de que en el primer caso la identidad es numérica [cuantitativa] porque el cuadro es este y solo este artefacto es único y en el segundo caso es cualitativa, porque el artefacto es la identidad cualitativa de toda circulación de artefactos

Andrei V. Nekhayev es filósofo.

NOTA: Artefacto proviene del latín *arte factum* [hecho con arte]. Según la RAE es un objeto construido con una cierta técnica para un determinado fin.

Dos artefactos pueden ser idénticos si comparten un conjunto finito de propiedades esenciales atributivas.

NOTA de la NOTA: La naturaleza de las obras de arte es dual.

En cuanto a sus propiedades atributivas son artefactos.

En cuanto a sus propiedades distributivas son objetos de arte.

Para Nekhayev la tesis de identidad de lo estético [objeto de arte] y de lo físico [artefacto] no se ve afectada ["en absoluto"] por una objeción que especula sobre la falta de un concepto unificado del arte; y el deterioro despoja al artefacto único [objeto de arte autógrafo] de su condición de artefacto [según Nekhayev el deterioro convierte al objeto de arte en 'arte zombi' o en 'arte muerto'; en dependencia del grado de deterioro].

Nekhayev relaciona las propiedades intrínsecas del artefacto con las cualidades atributivas y las propiedades extrínsecas del objeto de arte con las cualidades distributivas [a las que llama cualidades estéticas].

Las cualidades extrínsecas [del objeto de arte] dependen de las cualidades intrínsecas [artefacto].

Según esta relación causal:

Toda obra de arte es un artefacto [y un objeto de arte].

No todo artefacto es una obra de arte [ni un objeto de arte].

Una obra de arte autógrafa es un artefacto singular y objeto de arte numéricamente idéntico [cada cuadro rojo de Danto es autógrafo].

Una obra de arte alógrafa es un artefacto múltiple y objeto de arte no numéricamente idéntico [las cajas de Brillo de Warhol son alógrafas].

Una obra de arte heterógrafa puede ser singular o múltiple, numéricamente o no idéntica.

Nekhayev resuelve el 'problema de los indiscernibles' [estrechamente relacionado con la autenticidad] mediante la agregación de una propiedad relacional atributiva al artefacto.

Pero la propiedad relacional no está [no puede estar] en el artefacto, sino fuera del artefacto.

La autenticidad es una propiedad no relacional y no atributiva, sino distributiva [pertenece al objeto de arte, no al artefacto].

La solución al 'problema de los indiscernibles' está fuera del artefacto, en el objeto de arte [es un 'problema' de convenciones].

Un objeto de arte no numéricamente idéntico a su artefacto es solo un objeto abstracto inmune al deterioro.

El objeto de arte después de la restauración es idéntico al artefacto si conserva todas sus propiedades atributivas esenciales. Esta es la esencia de la conservación-restauración de arte [la conservación-restauración de la identidad].

NOTA: Sin esta consideración, la conservación-restauración no sería posible.

No es posible entender el cambio en las partes del artefacto como un cambio en el todo, *per se*.

Se trata no solo de las propiedades atributivas esenciales de las partes; se trata también de las relaciones entre tales propiedades [partes] y de la relación de tales propiedades con el conjunto [todo] y de las propiedades distributivas accidentales consensuadas [y no contradictorias respecto a las propiedades esenciales].

Si destruye una caja de Brillo de Warhol [artefacto] no ha destruido las *Cajas de Brillo* de Warhol [objetos de arte]. Para destruir las *Cajas de Brillo* de Warhol es necesario destruir todas las cajas de Brillo y también el proceso de reproducción mecánica de los artefactos. Si destruye un cuadro rojo de Danto [artefacto] ha destruido *El ánimo de Kierkegaard* o *La Plaza Roja* o *Cuadrado rojo* o *Nirvana* o *Mantel rojo* o ese fondo rojo sobre el que Giorgione iba a pintar *Conversazione sacra* [recuerde que todos estos artefactos son idénticos, pese a que son objetos de arte singulares... por convención]. Si destruye todos los artefactos [cuadros rojos], destruye los cuadros rojos de Danto.

NOTA: No es posible destruir ningún cuadro rojo de Danto porque se trata de artefactos y objetos de arte abstractos.

Los cuadros rojos de Danto son inmunes al deterioro, tanto como *Io sono* o *Fontaine*.

Las obras de arte de nuevos medios como artefactos son muy sensibles al deterioro debido al soporte.

La imagen del artefacto es poco sensible al deterioro.

Es obvio, las cosas no valen más porque a más gente le guste.

Es obvio, las cosas no valen más por tener más '0's y '1's.

Es obvio, las cosas no valen más por ser 'buenas' [o 'mejor que … '].

No es obvio el por qué algunas cosas valen más que otras [el valor no depende de los objetos, sino de los sujetos].

Las cosas valen según lo que los sujetos estén dispuestos a pagar por esa cosa.

En los nuevos medios todo es reducible a una ristra de '0's y '1's.

Pura filosofía: la nada, el todo.

Los '0's y '1's son las 'partes' a partir de la cual algún 'todo' cobra sentido [en base a una finalidad].

Esa es la naturaleza del arte de los nuevos medios.

Esa es una parte del arte del arte de los nuevos medios:

la grandeza de algo que solo puede ser nada o todo, falso o verdadero, *off* u *on*;

la grandeza que es posible construir solo a partir de '0's y '1's y una máquina y una cabeza [real, de verdad].

No tenía que comprar este libro, pero lo hizo.
No tenía siquiera que llegar hasta aquí, pero lo ha hecho.
Si encima ha disfrutado de él, por favor, considere dejar una reseña honesta en la tienda en la que lo ha comprado [si es que lo ha comprado].